CONTENIDO

INTRODUCCIÓN
El mundo de las runas

¿QUÉ SON LAS RUNAS? LAS RUNAS SON TRAZOS angulosos y distintivos que se basan en los primitivos símbolos rupestres y que representan las preocupaciones de los seres humanos en lo tocante a cuestiones tales como la edad, el hogar, la familia, los viajes, el amor, la prosperidad, el cambio, la salud y el cumplimiento del destino. Tanto si creemos que nuestro futuro nos viene impuesto por el destino o las deidades, como procede de nuestro interior, o que es una mezcla de ambos, podemos utilizar las runas para interpretar nuestras vidas. Para los vikingos, las runas también reflejaban el poder del sol, que calentaba la tierra tras el frío invierno; las estrellas, gracias a las que los marineros navegaban los océanos; el éxito de las batallas; la colonización de nuevas tierras; y los árboles mágicos, cuyo crecimiento y caída de hojas simbolizaban el paso humano del nacimiento a la muerte.

Las runas se encuentran en muchas partes del mundo, ahí donde invadieron los primeros vikingos; desde Islandia, que colonizaron hacia el año 815 de la era cristiana, hasta América, que fue descubierta hacia el año 992 de la era cristiana por Leif, hijo del famoso Erik el Rojo. Los vikingos viajaron desde Rusia hasta lo que hoy es Turquía y Grecia, e incluso al norte de África, como demuestran los monumentos de piedra, tumbas y artefactos marcados con runas. Estas tallas rúnicas se encuentran sobre todo en grandes piedras con inscripciones, que conmemoran a los viajeros o marcan el lugar de descanso de un héroe caído. Estas piedras rúnicas monolíticas han sobrevivido, en tanto casi todos los pequeños conjuntos individuales de runas adivinatorias han perecido. La inscripción rúnica más larga del mundo se encuentra en Rök, cerca del lago Vättern, en la región sueca de Östergötland, y data del siglo VIII. Tiene siete tipos diferentes de alfabetos rúnicos y posiblemente fue tallada por un hombre llamado Varin para honrar a su hijo muerto, Vämod. La creación de piedras rúnicas continuó durante la Edad Media. En América, la piedra rúnica de Kensington, en Minnesota, y la de Heavener, en Oklahoma, ambas del siglo XIII, han sido validadas como auténticas.

LAS RUNAS A TRAVÉS DE LOS TIEMPOS

En los conjuntos de runas utilizados en adivinación o predicción del futuro, cada símbolo está pintado, tallado o grabado en piedras redondas, huesos, discos de madera o pentagramas de madera. También existen conjuntos de ámbar finamente grabados, y algunas runas modernas son símbolos pintados o grabados en cristales.

Las runas forman un conjunto de dieciséis a treinta y seis símbolos diferentes, según la región y la época concretas en que se utilizaron. Las runas Elder Futhark, empleadas por los vikingos y descritas en este libro, son la forma más habitual, popular y sencilla de utilizar. Esta versión tiene veinticuatro símbolos, más una piedra en blanco opcional.

La palabra *runa* procede de las antiguas lenguas del norte de Europa y significa *algo secreto*, *un misterio*. Los secretos de las runas se transmitían de boca en boca, a menudo de madre a hija. Sin embargo, los símbolos rúnicos no se utilizaban para la escritura formal, que no llegó a Escandinavia hasta el siglo XI. Los monjes cristianos registraron formalmente por primera vez lo que hasta entonces eran leyendas y laicos orales. Los cronistas autóctonos, como el historiador y poeta islandés Snorri Sturluson, fallecido en 1241, también empezaron a registrar los antiguos mitos uno o dos siglos después, bajo influencia cristiana.

A pesar de la llegada del cristianismo a Escandinavia, la tradición mágica de las runas continuó hasta el año 1500, aproximadamente. El uso de inscripciones prevaleció aún más tiempo entre campesinos, comerciantes y clérigos, sobre todo en los lugares más remotos.

Las runas pueden utilizarse para la adivinación, la magia o la meditación y, cuando las formas rúnicas se combinan como runas de unión, crean un talismán mágico de poder o protección. Las runas también forman un alfabeto mágico para codificar y potenciar deseos y hechizos mágicos.

Cada símbolo corresponde aproximadamente a una letra del alfabeto inglés, que se describe más adelante en este libro.

Las runas son especialmente mágicas porque cada símbolo, grabado, dibujado o escrito en piedra, cristal o madera, contiene el poder del significado, a diferencia de una carta del tarot, que es puramente simbólica. Por lo tanto, cuando se elige una runa y se interpreta como parte de una lectura o en magia, no solo ofrece un mensaje, como en los métodos adivinatorios convencionales, sino que también libera las energías del símbolo en la vida del lanzador de runas o de la persona para la que se hace la lectura.

LA HISTORIA DE LAS RUNAS

Los primeros símbolos rúnicos eran a menudo signos sagrados asociados a Nerthus, la diosa madre original de la fertilidad, y se han descubierto en antiguas tallas rupestres de Suecia, que datan de la Edad de Bronce (2300-1200 a. C.).

Los primeros símbolos rúnicos se basaban en imágenes, como el copo de nieve/ estrella de seis puntas. Otras imágenes son el *Haeglaz* original, *Haegl* o Hail, la runa del cambio y la perturbación; la Rueda Solar, *Raidho* o *Rad*, la runa de la acción; y signos sagrados de la Edad de Bronce asociados a la Diosa Madre y su consorte. Estos signos a menudo representaban el rombo, *Ingwaz* o *Ing*, el dios de la fertilidad, y círculos, espirales y zigzags que se encuentran en gran cantidad en las antiguas tallas rupestres suecas.

Los sistemas rúnicos que se utilizan hoy en día datan del siglo II o III a. C., cuando los pueblos germánicos del Danubio Medio, que es donde parecen haberse originado los sistemas modernos, entraron en contacto con el sistema alfabético etrusco mediterráneo. Los pueblos mediterráneos comerciaban por toda Europa hasta el Báltico. Las runas seguían las rutas comerciales, difundidas por los propios comerciantes que echaban suertes para descubrir los momentos propicios para los viajes y las negociaciones. No podemos estar seguros de qué tierras influyeron primero en las demás en la formación de los sistemas modernos, debido al gran número de invasiones y de intercambios comerciales entre las regiones anglosajona, escandinava, báltica e islandesa. Las inscripciones de las runas varían en cuanto a los nombres de las deidades. Por ejemplo, *Woden* es el nombre anglosajón del *Odín* vikingo; *Frige*, de la *Frigga* vikinga, que era la esposa de Odín y patrona de las mujeres, el matrimonio y las amas de casa; y *Thunor*, el dios del trueno, el equivalente del *Thor* nórdico, que tenía más importancia en la cosmología anglosajona que en la vikinga. Las runas también tienen nombres ligeramente distintos en los diferentes sistemas, aunque sus significados siguen siendo similares.

EL LANZAMIENTO DE RUNAS
EN LA ANTIGÜEDAD

En La *Germania*, escrita en el año 98 de la era cristiana, el autor romano Tácito describe las costumbres de los antiguos pueblos germánicos y relata cómo se utilizaba un paño blanco para lanzar lo que parecen ser pentagramas rúnicos. Tácito explicaba cómo se cortaba una rama de un árbol frutal y se grababan marcas en las láminas rúnicas. Estas las lanzaba e interpretaba un sacerdote o el padre de familia o clan, quien, según Tácito, «ofrece una plegaria a los dioses y, mirando al cielo, recoge tres tiras de una en una y lee sus significados a partir de los signos previamente anotados en ellas».

Tácito también cuenta que las mujeres se dedicaban a todo tipo de augurios o adivinación de presagios. Según las leyendas populares de Escandinavia, parece que la *spákona* o *völva*, que era una mujer adivina, se conectaba al Orlog, las leyes universales, y utilizaba las runas como medio para descubrir los caminos futuros de los individuos o de todo el clan. Algunas *seið*, o brujas nórdicas, también tallaban runas de madera para lanzar hechizos y para arrojar runas o bastones de madera al agua.

Edda, otro nombre de la antigua Madre Tierra nórdica, era la diosa de todas las artes adivinatorias, y en su honor se bautizaron las grandes sagas, o *eddas*, del mundo vikingo e islandés. El lanzamiento de runas se dedicaba a menudo a ella, especialmente cuando las runas se lanzaban al suelo, un método que se describe más adelante en el libro.

Las esposas, hermanas y madres de los hombres que partían a la conquista, al comercio o a pastorear el ganado salvaje, entonaban conjuros mágicos mientras tallaban runas y creaban amuletos rúnicos para proteger a los hombres que partían. Las mujeres eran respetadas por sus poderes proféticos en toda

Escandinavia y en las tierras anglosajonas, y ninguna expedición, ya fuera para comerciar o para combatir, se llevaba a cabo sin antes lanzar las runas. En la Saga de Erik el Rojo se describe a una maestra de las runas. La Saga se conserva en dos manuscritos: el *Hauksbók* (siglo XIV) y el *Skálholtsbók* (siglo XV).

Llevaba una capa con piedras en el dobladillo. Alrededor del cuello, y cubriéndole la cabeza, llevaba una capucha forrada con pieles blancas de gato. En una mano llevaba un bastón con un pomo en el extremo y de su cinturón, que sujetaba su largo vestido, colgaba una bolsa de amuletos.

¿CÓMO SABEMOS LO QUE SIGNIFICAN LAS RUNAS?

Gran parte de la interpretación moderna de las runas se basa en una serie de antiguos poemas rúnicos. Los tres más conocidos son el *Poema rúnico anglosajón* (también *Poema rúnico inglés antiguo*), el *Poema rúnico nórdico antiguo* (también *Poema rúnico vikingo*) y el *Poema rúnico islandés*, escritos por monjes cristianos y son de gran valor. Debido a la similitud de los sistemas, podemos obtener conocimientos de cada uno de ellos. Además, los antiguos mitos y leyendas completan las lagunas y nos ayudan a comprender el contexto de las runas. Pero todos estos significados son solo la plantilla básica. Cuanto más utilices las runas, menos dependerás de los significados establecidos y más actuarán como canal para tus propios poderes clarividentes que surgen espontáneamente. He consultado traducciones de los tres poemas rúnicos y he aprendido las antiguas leyendas. Estudié, enseñé y escribí sobre las runas extensamente en Suecia durante más de diez años, y encontré a muchos que todavía practican en privado las viejas fórmulas.

ODÍN Y LAS RUNAS

Como se ha sugerido antes, es probable que las runas fueran originalmente una tradición en torno a Nerthus, la Diosa de la Tierra. Un poema narra la historia mítica de cómo Odín descubrió la sabiduría de las runas. El aspecto más fascinante reside en que incluso Odín, el Dios Padre Supremo, tuvo que entregarse a la sabiduría más profunda y antigua del universo si quería entrar en contacto con estos poderes mayores contenidos en las runas. Aunque hay muchas variaciones de este poema, en general, desde la perspectiva de Odín, dice:

> *Durante nueve largas noches*
> *Atravesado por una lanza*
> *Me colgué de [Yggdrasil, el Árbol del Mundo]*
> *…*
> *Nadie me trajo pan*
> *Nadie me dio hidromiel*
> *Hasta las profundidades busqué*
> *Hasta que vi las Runas*
> *Me apoderé de ellas*
> *Y, gritando, caí.*

CÓMO PUEDEN AYUDARNOS HOY LAS RUNAS EN LA TOMA DE DECISIONES

Aunque, en la antigüedad, se creía que las runas revelaban la voluntad de las deidades a la hora de tomar decisiones, los vikingos tenían una visión de la vida extraordinariamente moderna. Creían que el destino no estaba fijado, sino que se creaba a partir de nuestras acciones y elecciones, tanto pasadas como presentes, así como de las de nuestras familias y antepasados, que nos influían tanto genéticamente como por las actitudes que nos transmitían.

Hoy en día tenemos las mismas preocupaciones básicas sobre la familia y el hogar, la supervivencia económica, el amor y nuestro lugar bajo el sol. Y, como los antiguos escandinavos, aún podemos dibujar un círculo en la tierra o imaginarnos uno sobre una mesa y utilizar nuestra profunda sabiduría para interpretar las runas concretas que lanzamos en el círculo, un acto que casi siempre aclara las cosas al instante.

USANDO LAS RUNAS

Aunque este libro ofrece un sistema notablemente sencillo de aprender, cada runa es una puerta a tu propia sabiduría intuitiva, así como a la sabiduría y la magia de los mundos antiguos.

Cuando elijas una runa, sostenla y permite que imágenes, palabras y sentimientos de tu profundo pozo interior de sabiduría (el Pozo Nórdico del Destino, o Wyrd) y de todos los que han utilizado las runas durante cientos de años, te hablen en tu mente y en tu corazón. Como he dicho antes, cada runa es más que un símbolo. Contienen en sí mismas el poder de su significado y, por lo tanto, además de revelar respuestas a preguntas, la lectura de las runas también puede darte fuerza, curación y coraje.

Al pronunciar el nombre de la runa, escribirla o llevarla como amuleto, se activa intrínsecamente el poder o la protección inherentes al símbolo.

Elegimos las runas que necesitamos para responder a nuestras preguntas, sacándolas aparentemente al azar de una bolsa, porque nuestra mente subconsciente guía nuestra mano hacia las runas que contienen la clave de los mensajes que necesitamos recibir.

PREDECIR EL FUTURO

Las runas no predicen un futuro fijo, porque nuestro futuro depende de muchas variables, pero pueden indicar caminos potenciales que podemos elegir seguir. En la tradición nórdica, se creía que las tres Norns, o diosas del destino, guardaban el *Pozo del Destino* al pie de la primera raíz del Yggdrasil, el Árbol del Mundo (véase la página 14). Era ahí donde los dioses se reunían cada mañana para el consejo y las Norns nutrían el árbol con el agua del manantial. La primera Norn se llama *Urdhr*, y habla del pasado, que en la antigua tradición nórdica influye no solo en nuestro propio presente y futuro, sino en el de nuestros descendientes, en las actitudes que transmitimos y en la forma en que educamos a los niños, tanto personalmente como en sociedad.

La segunda Norn, *Verdandi*, habla de hechos e influencias presentes que están muy implicados en nuestra dirección futura y que, en sí mismos, a veces se ven influenciados por respuestas automáticas a situaciones pasadas o heridas que nublan nuestro juicio.

Skuld, la tercera Norn, habla de lo que sucederá, dada la intrincada red de interacciones entre el pasado y el presente. Nuestro destino futuro, u *orlag*, cambia constantemente a medida que cada nuevo día se añade a la red de interacción. Por eso, las viejas ideas de las runas vikingas tienen sentido en el siglo XXI. En todo momento, incluso en aquellos en los que el destino ciego parece traer un desastre o un trastorno inesperado a nuestra zona de confort, echar las runas nos ofrece una idea de las probabilidades y posibilidades de cada camino futuro que podemos tomar, a menudo unas que ni siquiera habíamos considerado.

EL PODER DE LAS RUNAS

La magia nórdica tiene mucho en común con la de los antiguos egipcios, que creían que cada jeroglífico no solo representaba un objeto o una idea, sino que también albergaba en su interior el poder de su significado. Pronunciar el nombre de la runa, escribirla o llevarla como amuleto puede igualmente evocar el poder o la protección. Las runas son una excelente forma de poder mágico, curativo y talismánico.

En el capítulo 1 explicaré cómo puedes fabricar y dedicar fácilmente tus propias runas o comprar un conjunto y, en ambos casos, dedicarlo a tu trabajo.

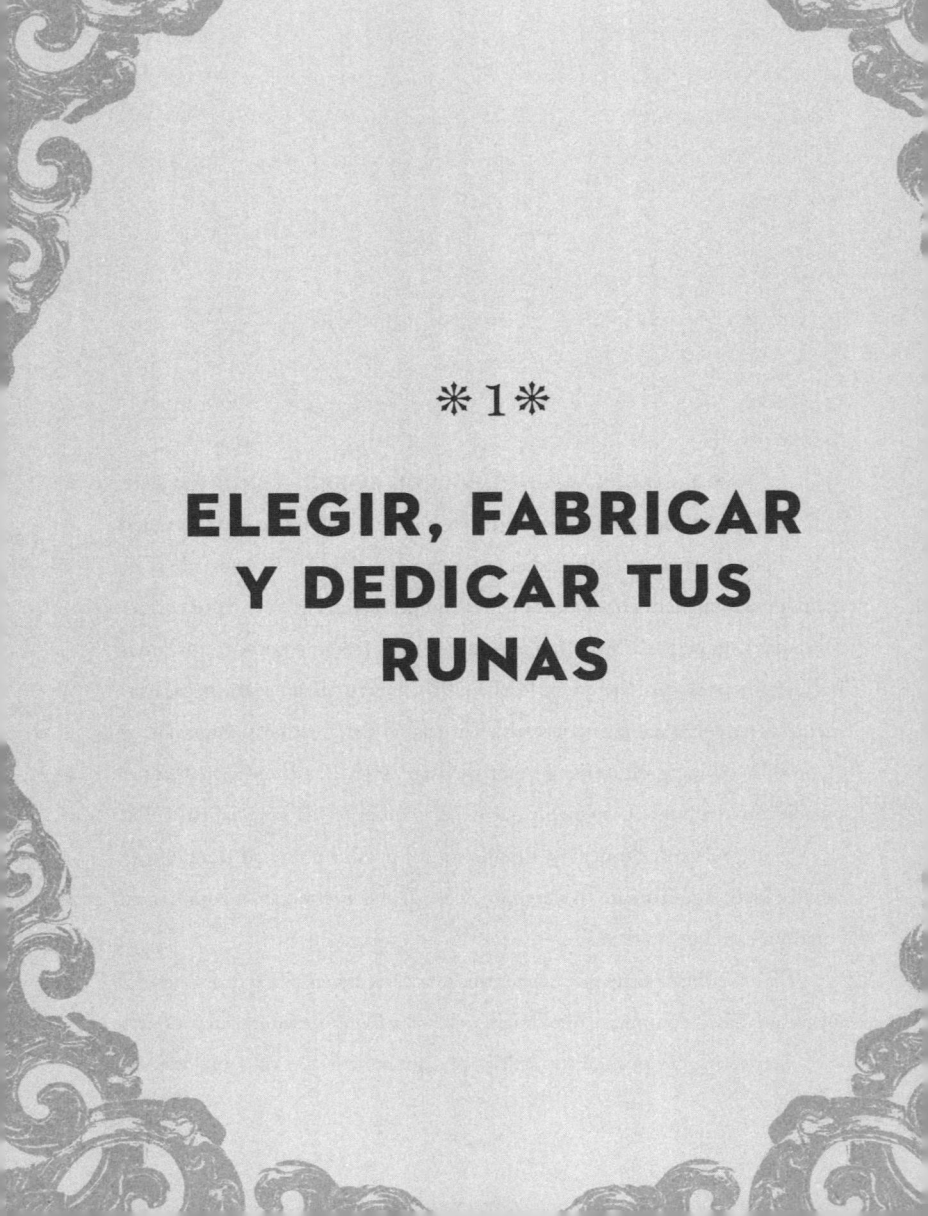

1

ELEGIR, FABRICAR Y DEDICAR TUS RUNAS

S I VAS A COMPRAR UN JUEGO DE RUNAS, TENDRÁS QUE elegir un juego vikingo o de Elder Futhark, que ha de estar formado por veinticuatro runas más una adicional. Puedes obtener runas de cristal, madera, piedra o metal, y puedes comprarlas en Internet o por correo. Si acudes a un pequeño sitio web personalizado, a menudo encontrarás runas hechas por artesanos que aman lo que crean. Sus runas no serán necesariamente caras, pero además contendrán la pasión del creador. Cómpralas, si es posible, en lugar de un juego fabricado en serie. Las runas casi siempre vienen con una bolsa, pero puede que desees comprar una especial para ella.

Si lo prefieres, emplea un tiempo en un pueblo o ciudad donde haya tiendas New Age. Tómate tu tiempo y no te sientas presionado a comprar un conjunto caro que no te guste.

En ocasiones, puede que encuentres una variante en una o dos runas del juego que hayas comprado, que difiera del *Elder Futhark* tradicional, ya que a veces los fabricantes pueden sustituirlas por una runa islandesa o anglosajona, o incluso por un símbolo alternativo utilizado en una región concreta. En este caso, coloca todas las runas tal como se muestra en la página 21 y empáréjalas con sus nombres. Fíjate en cuáles difieren, y luego puedes leer el folleto que siempre acompaña a un juego de runas, para ver cuál de las runas restantes coincide más con el significado de la runa vikinga que falta. Elige uno de los verdaderos nombres del *Elder Futhark* para cada runa que falte (no debería haber más de dos en el juego que has comprado, y lo más esperable es que esto no ocurra en absoluto). Escribe en este libro el símbolo rúnico que utilizas para representar la verdadera runa vikinga del *Elder Futhark*.

CREA TUS PROPIAS RUNAS

Lo mejor es que hagas las tuyas propias. Es muy fácil y no requiere ninguna habilidad artística. Originalmente, las runas se dibujaban con herramientas toscas sobre piedra o madera, ya que a menudo se arrojaban al agua corriente después de interpretarlas y había que cambiarlas antes de la siguiente lectura rúnica. Las runas están formadas por líneas rectas muy simples. Intenta copiar las runas de esta tabla en un cuaderno. Aquí también se indican sus nombres, pero no es necesario que los aprendas todavía. Lo haremos en los capítulos siguientes.

En los capítulos siguientes explicaré el significado de cada runa en una lectura. Si lo deseas, puedes leer sobre cada *aett* (conjunto de ocho runas) antes de dibujarla y prolongar tu trabajo durante varios días.

Tradicionalmente, las runas se hacen justo antes de la puesta de sol, el comienzo del día nórdico antiguo, y, si es posible, al aire libre. En cada una de tus runas dibuja uno de los símbolos que aparecen en la página 21. Los veinticuatro símbolos rúnicos pueden dibujarse o pintarse en piedra o cristal, o dibujarse, tallarse o quemarse en una ramita o un trozo plano de madera.

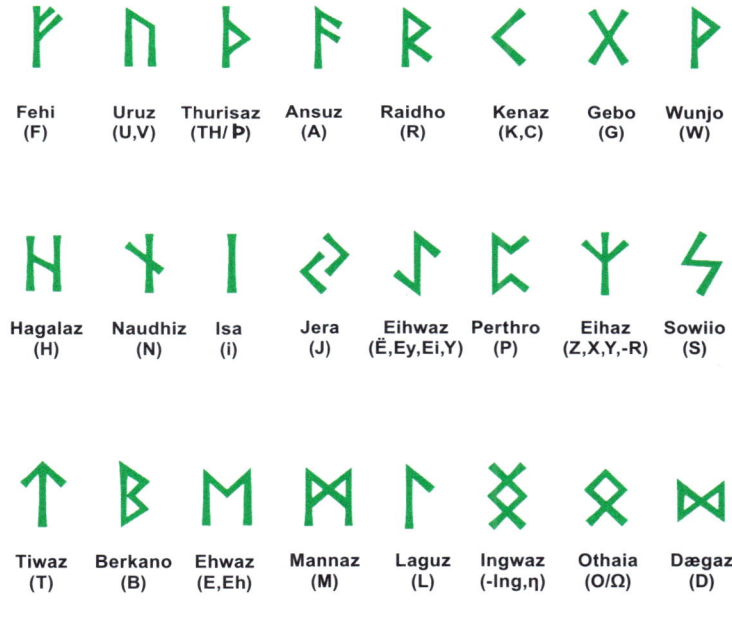

Fehi (F)	Uruz (U,V)	Thurisaz (TH/ Þ)	Ansuz (A)	Raidho (R)	Kenaz (K,C)	Gebo (G)	Wunjo (W)
Hagalaz (H)	Naudhiz (N)	Isa (i)	Jera (J)	Eihwaz (Ë,Ey,Ei,Y)	Perthro (P)	Eihaz (Z,X,Y,-R)	Sowiio (S)
Tiwaz (T)	Berkano (B)	Ehwaz (E,Eh)	Mannaz (M)	Laguz (L)	Ingwaz (-Ing,η)	Othaia (O/Ω)	Dægaz (D)

Elegir los materiales adecuados

Puedes utilizar piedras recogidas en la orilla del mar, en la ribera de un río o en la ladera de una colina. Encontrarlas es la excusa perfecta para pasar un día al aire libre eligiendo tus piedras especiales para que cada una te siente bien.

Lo primero de todo, practica copiando las runas de la tabla anterior con un rotulador fino sobre papel. Prueba a empezar cada símbolo en lugares diferentes y pronto encontrarás la forma natural de dibujarlas con un solo movimiento.

Necesitas veinticinco guijarros planos, cada uno del tamaño de una moneda grande, todos del mismo tamaño, forma y color. Escoge algunas de repuesto, ya que las runas individuales pueden perderse fácilmente.

Marcarás una cara con el símbolo rúnico correspondiente y la otra quedará en blanco, por lo que cada runa deberá tener una superficie razonablemente plana y ancha sobre la que dibujar con un rotulador, líquido corrector o pintura, y un pincel. Más adelante, tal vez te apetezca fabricar un juego especial, pintando cristales o grabando los signos en discos de madera -un palo de escoba cortado en veinticinco discos separados de tamaño uniforme te da una forma ideal para tus runas- y luego pintar las hendiduras. Algunas personas barnizan sus runas, pero es una cuestión de elección. Si eres hábil con las manualidades, puedes hacerlas tú mismo en metal.

Incluso puedes utilizar arcilla autoendurecible y grabar el símbolo rúnico en la arcilla con un destornillador pequeño o un cortapapeles.

Al seleccionar lo que serán tus propias runas, y no un conjunto hecho por otra persona para ti, estás creando parte de tu ser esencial y, cuanto más las uses, más reflejarán tu sabiduría interior.

El rojo es el color tradicional utilizado para marcar los símbolos en las piedras o discos de madera, pero algunas personas consideran que el negro resulta más nítido en piedras claras y el dorado en piedras más oscuras o arcilla. Deja la vigesimoquinta runa en blanco por ambos lados.

BASTONES RÚNICOS

Puedes fabricar bastones rúnicos con ramitas de no más de 10-12 cm de largo y lo bastante anchas como para grabar el símbolo en un lado. Puedes utilizar uno de los árboles rúnicos tradicionales, como son el pino, el fresno, el abedul o el tejo, pero cualquier madera seca y firme te servirá. Asegúrate de que todas las ramitas sean del mismo tamaño. Raspa la corteza de la parte superior y graba en cada una de ellas. O utiliza una herramienta de grabado o una navaja para cortar el símbolo y pintarlo de rojo o negro.

Los pentagramas rúnicos resultan especialmente hemosos cuando se lanzan en un claro del bosque, en un círculo hecho con hojas o ramitas o dibujado en la tierra.

CONSAGRACIÓN RÚNICA

Tanto si usas las runas para hechizos mágicos o curación, como para que sirvan de amuletos protectores o para adivinación, necesitas dedicar tus runas para su uso, cuando las hagas por primera vez y también de nuevo antes de cualquier tirada de runas que resulte particularmente significativa. Dedícalas también cuando llenes un símbolo rúnico con poder, para una curación mágica en concreto o un propósito talismánico, para emplearlo como talismán o amuleto protector. Explicaré las diferencias entre talismanes y amuletos en el último capítulo del libro.

Puedes consagrar cada aett (conjunto de ocho runas) por separado, colocando las runas en un círculo alrededor de una vela roja, invocando, al encender la vela, el poder y la protección de la deidad o poder nórdico especial del aett. El plural correcto es *aettir*, pero aetts puede sonar más natural al oído no vikingo.

Por ejemplo, para la primera aett de Freya, las ocho primeras runas que se muestran en la página 21, se diría: *Son para Freya, Señora de todos los Encantos, que trae belleza y magia al mundo.*

Se decía que Freya había enseñado magia a las demás deidades, incluido Odín.

Para las segundas ocho runas o aett de Heimdall, dirías: *Estas son para Heimdall, el Protector, que ofrece protección contra todos los miedos y daños.*

Para las terceras ocho runas o aett de Tyr, dirías: *Estas son para Tyr, el Espíritu Guerrero y Estelar, que trae valor y justicia al mundo.*

O si prefieres dedicar los tres aetts juntos en un círculo, enciende la vela roja en el centro del círculo rúnico y, mientras enciendes la vela, nombra por turnos a los regentes de los tres aetts, empezando por Freya.

Si vas a dedicar los aett por separado, añade la vigesimoquinta runa, que está en blanco, por ambos lados al final del aett de Tyr, lo que hace un total de nueve runas para ese conjunto.

Puedes realizar la ceremonia al aire libre, en el suelo, sobre una piedra cuadrada o rectangular, llamada en el mundo nórdico antiguo la grada, o altar. Un trozo de pizarra o una bandeja metálica rectangular son ideales si se trabaja en interiores (lo mejor es que sea de color dorado).

Para una única runa, destinada a potenciar la magia, la curación o como amuleto, dedícala al guardián del aett al que pertenece.

Para utilizar un martillo de Thor (el dios del trueno que protegía a los dioses de los Gigantes de la Escarcha con su martillo mágico), puedes comprar un pequeño martillo ornamental de plata o utilizar un martillo pequeño normal, y bajarlo muy suavemente tres veces delante del círculo runa/runa.

Di, después de cada golpe de martillo, *Yo fabriqué/compré esta runa/estas runas y busco sellar con fuego mágico la protección y el poder interior. Que las sabias deidades de antaño y todos los poderes de la Luz protejan, den poder y bendigan mi trabajo.*

Coloca horizontalmente el martillo detrás de la vela dentro del círculo rúnico.

Ponte frente a la llama de la vela y di: *Invoco a Freya la Radiante, a Heimdall el Protector y a Tyr el Bueno para que llenen de fuego cósmico mi(s) runa(s) y pueda usarlas con sabiduría y para el propósito correcto.*

Ahora, espolvorea tres círculos de sal en el exterior del círculo de runas o alrededor de la runa individual.

Enciende una varilla de incienso de salvia o de pino con la vela, y hazla girar alrededor del exterior de las runas y los círculos de sal, diciendo suave y continuamente, nueve veces, *Por Odín el Padre y Frigga la Madre de Todo, que estas runas sean bendecidas por ti también y siempre utilizadas para el propósito más elevado y para el mayor de los bienes.*

Odín era el dios padre de los Asgard, la orden superior de dioses a los que se atribuye el descubrimiento de las runas. Frigga era la diosa madre y maestra de la profecía.

Si lo deseas, la primera vez que dediques tus runas, levanta cada runa a su vez sobre la vela, diciendo: *Protege, da poder y trae bendiciones de Freya, Heimdall y el sabio Tyr.*

Si tienes poco tiempo, pon todas las runas en un plato refractario y pásalo por encima de la vela.

Devuelve la runa a su lugar, alrededor de la vela, o coloca el plato de runas delante de la vela y déjalo allí hasta que la vela se consuma.

PREPARAR UNA BOLSA RÚNICA

Necesitarás una bolsa de un tejido rojo natural en la que guardar cada juego de runas, y también una bolsa pequeña para llevar una sola runa como talismán o amuleto.

Lo mejor es utilizar una bolsa con cordón, para que las runas no se caigan durante el transporte. Puedes palpar la bolsa con la mano con la que escribes, para seleccionar tus runas mediante el tacto. Incluso si compras un juego, puedes elegir o fabricar tu propia bolsa. Algunas bolsas comerciales de juegos de runas son demasiado pequeñas para permitirte introducir la mano y palpar las runas, con el fin de seleccionar por tacto psíquico, o psicokinesis, las runas que mejor responderán a tus preguntas. Cada vez que aprendas sobre una runa, añádela a la bolsa. Cuantas más runas utilices para tu selección de la runa del día, que es un proceso que describiré en el próximo capítulo, más asombrosamente predictivo se vuelve.

CONFECCIÓN DE UN PAÑO DE TIRADA RÚNICA

Tradicionalmente, las runas se lanzan dentro de un círculo de unos cincuenta centímetros de diámetro, si estamos en interiores, o de hasta dos metros en exteriores, aunque hay quien las lanza sobre el suelo o una mesa. Haz lo que te parezca mejor, después de experimentar con distintos métodos. Alternativamente, puedes utilizar disposiciones de runas en las que estas se seleccionan, pero no se lanzan.

Experimenta hasta encontrar el tamaño de paño adecuado para ti. A algunas personas les gusta llevar un paño portátil en su bolsa de runas, ya marcado con un círculo, para lanzar runas donde no resulta práctico marcar un círculo en el suelo. Otros dejan un paño preparado en un lugar especial para el lanzamiento de runas.

Para hacer una tela permanente en lugar de dibujar una instantánea en papel o visualizar el círculo, compra un trozo cuadrado grande de tela de un color claro y dibuja, pinta o cose un círculo de unos cincuenta centímetros de diámetro, sobre el que lanzar tus runas.

También puedes improvisar en interiores. Una forma de hacerlo es utilizar un círculo dibujado con un palo en un gran arenero que guardes para trabajar con runas (dibuja un círculo nuevo cada vez). También puedes formar un círculo con pequeños cristales o guijarros, de nuevo en un arenero. Hacerlo antes de empezar ayuda a concentrarse en el lanzamiento.

Al aire libre, puedes hacer un círculo permanente o temporal en cualquier lugar, con una superficie que puedas marcar con tiza, como pueda ser un trozo de pizarra, en un patio, con un palo sobre arena, tierra o nieve, o con cristales sobre guijarros o hierba. Las ágatas y los jaspes, especialmente de colores rojos o tierra, son cristales especialmente eficaces para utilizar en un círculo rúnico. Puedes recoger conchas junto al mar, para crear el círculo o dibujarlo en la arena.

REGISTRAR TUS LECTURAS

A medida que vayas trabajando, te darás cuenta de que las lecturas son como un diario, que refleja acontecimientos o decisiones significativas, tanto para tu propia vida como para la de aquellos para quienes lees las runas con regularidad. Incluso si no te dedicas profesionalmente a esto, descubrirás que amigos de amigos y colegas hacen cola para consultarte.

A veces, puede ser que, hasta pasados días o semanas no se percibe con claridad el significado de una lectura, y es muy fácil olvidar pequeños detalles. Puedes utilizar una carpeta de hojas sueltas y guardar una provisión de páginas de círculos ya dibujados, para poder marcar las posiciones de las runas, incluidas las que estaban boca abajo, que es algo que apunta a un asunto que aún no ha surgido o que al receptor de la lectura le resulta difícil encarar. Observa cómo se agruparon o dispersaron las runas ya echadas, puesto que, a menudo, puedes observar, a partir de esto, que lo que parecen ser asuntos no relacionados están en realidad conectados. Anota todas las runas que no cayeron sobre la tela o dentro del círculo visible, y que por eso no se leyeron, y las impresiones intuitivas que recibiste al sostener cada runa.

También puedes anotar la runa que escogerás cada día, una vez que hayas aprendido la primera aett. Quizá encuentres un patrón emergente que puede indicar áreas de tu vida que necesitan aportaciones o acciones urgentes.

En el próximo capítulo aprenderemos sobre el primer conjunto de runas, el aett de Freya, y cómo seleccionar una runa cada día, para guiarte a través del estado de ánimo y los acontecimientos del día que tienes por delante.

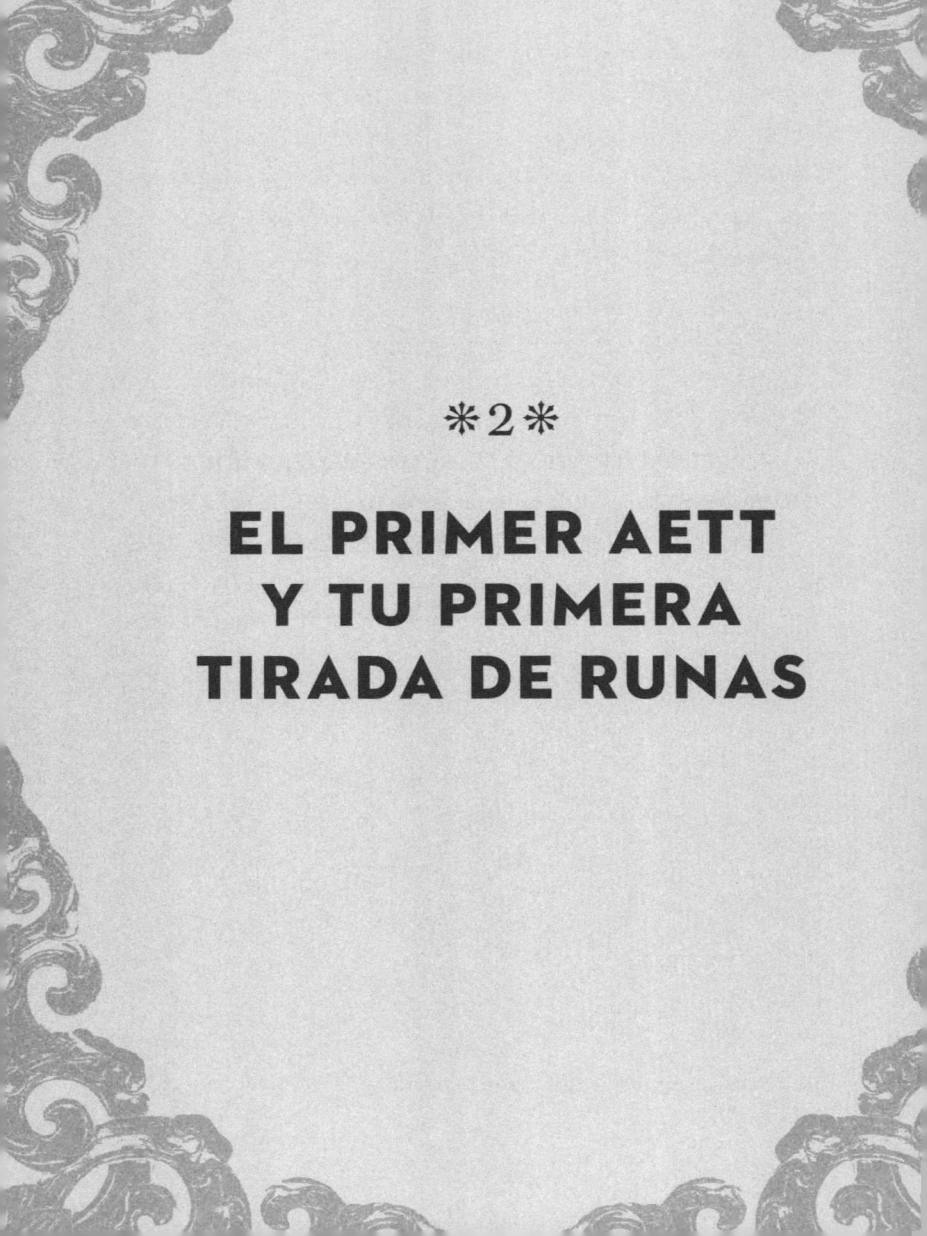

✳2✳

EL PRIMER AETT Y TU PRIMERA TIRADA DE RUNAS

EN ESTE CAPÍTULO EXPLICARÉ LOS SIGNIFICADOS ANTI-guos y modernos de la primera aett de las runas vikingas. El significado de cada runa cambia según se lance con el símbolo hacia arriba o en blanco hacia arriba. Considera los aspectos del lado de la runa que caiga hacia arriba.

EL AETT DE FREYA, DIOSA DE LA BELLEZA, EL ENCANTO, LA FERTILIDAD, EL AMOR

Runa 1: Fehu, o Ganado, Riqueza Mobiliaria (como Dinero, Posesiones)

FORTALEZAS, LADO CON EL SÍMBOLO HACIA ARRIBA: Prosperidad, especialmente a través de tus propios esfuerzos, la seguridad financiera, el éxito de las negociaciones de propiedad, la mengua de los problemas financieros, la buena suerte inesperada.

DESAFÍOS, LADO EN BLANCO HACIA ARRIBA: El precio que hay que pagar por el cambio o la felicidad.

El significado básico de Fehu es el de *riqueza*, especialmente en el sentido de dinero o bienes acumulados mediante el trabajo duro y que se utilizan cuando se necesitan. El ganado era un bien móvil, ya que los vikingos lo llevaban consigo a las nuevas tierras. Pero el *Viejo Poema Rúnico Nórdico* advierte acerca de que la avaricia por el dinero causa conflictos entre los parientes, por lo que no debemos obsesionarnos con ganar dinero a costa de la felicidad.

Esta runa aparece a menudo en las lecturas. Evalúa si se relaciona con cuestiones de seguridad emocional, más que financiera, y si se está revelando la verdadera imagen. Si aparece el lado en blanco, puede haber cuestiones relacionadas con divorcios o herencias familiares.

QUÉ SIGNIFICA FEHU EN UNA LECTURA

Es un buen momento para cualquier especulación o plan para ganar dinero, especialmente si se trata de aventuras lejos de casa (incluso a través de Internet) y una mejora en lo tocante a cualquier tipo de preocupación monetaria.

El lado en blanco indica que hay que sopesar la pérdida de seguridad financiera o mundana frente a la tranquilidad y la libertad de vivir a nuestra manera. No es una decisión fácil, pero la alegría futura puede valer el precio, tanto real como emocional. Si este cambio no es posible de inmediato, intenta aumentar tu estabilidad financiera para poder seguir adelante cuando llegue el momento.

Runa 2: Uruz, o los uros, Enormes Bueyes Salvajes

FORTALEZAS, LADO CON EL SÍMBOLO HACIA ARRIBA: Fuerza, coraje, superación de todos los obstáculos, éxito en los negocios, riesgos y especulaciones, mejora de la salud, un avance repentino cuando todo parece inútil.

DESAFÍOS, LADO EN BLANCO HACIA ARRIBA: Enfrentarse a grandes adversidades, sentirse presionado hacia un camino que no se quiere seguir...

Los uros eran bueyes enormes, salvajes y muy feroces, cuyos cuernos, según el mito, se colocaban en los cascos vikingos y llevaban grabada la runa de Uruz para dar la fuerza de los uros a los guerreros.

Tanto el *Viejo poema rúnico nórdico* como *el Islandés* hablan del refinamiento a través del sufrimiento utilizando las imágenes del hierro. Nos dicen que incluso los obstáculos aparentemente más insuperables pueden franquearse con determinación, fuerza y resistencia. A veces debemos seguir adelante con fe ciega.

QUÉ SIGNIFICA URUZ EN UNA LECTURA

Uruz alude a personas o situaciones que bloquean nuestro camino hacia adelante, ya sea en el trabajo o en casa. A veces, sin embargo, los obstáculos están en nuestro interior, manifestándose en forma de miedo a fracasar o a no ser lo bastante inteligente o digno como para intentarlo. Ya se trate de una resistencia interior o exterior, ármate de valor y, si es necesario, sé más persistente o firme de lo habitual: recuerda a esos rebaños que embisten.

El lado en blanco nos dice que podemos estar poniendo obstáculos sin darnos cuenta, porque no queremos hacer cosas que creemos que debemos hacer o porque nos dicen que son buenas para nosotros. Pregúntate si te sientes presionado para hacer cambios que no quieres. Tú eliges, tú decides.

Runa 3: Thurisaz, o el Martillo de Thor, el Dios del Trueno, la Espina

FORTALEZAS, LADO CON EL SÍMBOLO HACIA ARRIBA: Pasión, protección, superación de retos y hostilidad o acoso, potencia, desafiar con éxito un estatus quo anticuado o corrupto.

DESAFÍOS, LADO EN BLANCO HACIA ARRIBA: Secretismo y conflictos no resueltos, sobreprotección, miedo a mostrar tu verdadero yo y a arriesgarte.

Es la runa del espino, y se asocia tanto al espino como árbol protector como a Thor, el dios del trueno. En los *Poemas rúnicos nórdicos e islandeses*, Thurisaz se asocia con los Thurs, los gigantes de hielo de los que Thor protegía Asgard, reino de los dioses, con su martillo mágico. El martillo de Thor también actuaba como símbolo sagrado en matrimonios, nacimientos y funerales.

El *Poema rúnico anglosajón* relata cómo la espina pincha al agarrarla, pero ofrece protección a la flor o fruto vulnerable de un árbol o arbusto. Como el martillo de Thor, puede alejar a los que nos harían daño.

Thurisaz nos dice que debemos afrontar cada ofensa e injusticia según se presenten, con calma y firmeza. Esto es mejor que dejar que los acosadores se queden sin respuesta o que el resentimiento se encone hasta que respondamos de forma totalmente inapropiada o volvamos nuestra ira no expresada contra nosotros mismos.

Cuidado también con el rencor oculto y las insidias que recibes, que pueden asomar en el lado en blanco de la runa. Pero también, si aparece el lado en blanco, nos indica que no debes temer mostrar tu verdadero yo y arriesgarte al rechazo, especialmente si te han herido en el amor. También debemos evitar ser sobreprotectores con nuestros seres queridos, debido a que temamos más de la cuenta por su seguridad física o su bienestar emocional.

Runa 4: Ansuz, u Odín, un Dios, Boca, «Voz del Universo»

FORTALEZAS, LADO CON EL SÍMBOLO HACIA ARRIBA: Inspiración, continuar o revivir la buena suerte, pasar pruebas y exámenes o entrevistas, para todas las empresas literarias y artísticas, y una oportunidad de tomar la delantera/promoción.

DESAFÍOS, LADO EN BLANCO HACIA ARRIBA: Autocracia, inflexibilidad, falta de honradez, mensajes contradictorios...

Ansuz es la runa de Odín, el Todopoderoso, y también la del crecimiento de la autoridad y la adopción del liderazgo o el lanzamiento de grandes sueños y ambiciones. Como runa de la boca, Ansuz favorece la comunicación clara a todos los niveles expresando, con calma pero con firmeza, lo que realmente necesitas y sientes, tanto en las relaciones personales como en las laborales.

De hecho, el *Poema rúnico anglosajón* nos dice que la boca es el origen de todo discurso y el pilar de la sabiduría. Se trata, en efecto, de una advertencia para que vigilemos nuestras palabras y consideremos su efecto antes de hablar de forma crítica o airada, y para que comprobemos la veracidad de lo que se dice o escribe.

CUANDO ANSUZ APARECE EN UNA LECTURA

Esta es una runa excelente para los trabajadores autónomos o para aquellos que contemplan la posibilidad de emprender negocios por cuenta propia y proyectos creativos. Ve a por esa gran oportunidad, ese ascenso, o lanza tus proyectos creativos cuando el momento sea favorable.

Si hay conflictos en el trabajo o en casa, el diálogo razonado y la persuasión son el camino a seguir, y no la acción irreflexiva o las emociones descontroladas para zanjar los malentendidos.

El lado en blanco nos advierte de que podemos estar atascados en un antiguo conflicto no resuelto en el pasado. Puede que no estemos escuchando lo que los demás, especialmente los seres queridos, nos están diciendo en realidad, porque nos estamos desviando por culpa de los viejos menosprecios y rechazos que tenemos en la cabeza.

Runa 5: Raidho, o Montar, la Rueda del Sol y la Rueda del Carro

R

FORTALEZAS, LADO CON EL SÍMBOLO HACIA ARRIBA: Viajes exitosos, desplazamientos, reubicación, tomar la iniciativa, aprovechar una oportunidad.

DESAFÍOS, LADO EN BLANCO HACIA ARRIBA: Esperar el momento ideal para actuar, que puede no llegar nunca, una inquietud interior que lleva a un cambio imprudente en el mundo exterior por su propio interés.

Tienes oportunidades al alcance de la mano que pueden significar salir de tu zona de confort, pero que, en última instancia, ofrecen éxito y realización en el futuro.

Los antiguos *Poemas rúnicos* contrastan la tranquilidad de los antiguos guerreros en sus salones, hablando de viejas victorias y batallas con el frío mundo exterior, donde es necesaria la acción. Debemos hacer lo que queremos ahora en lugar de usar frases como «si tan solo» y «un día de estos», ya sea que se trate de un cambio interior, un cambio laboral importante, una reubicación o visitar el lugar al que siempre has querido ir. Busca lo que más deseas, ahora.

CUANDO RAIDHO APARECE EN UNA LECTURA

Cuando aparece Raidho, no podemos sentarnos a esperar que salga el sol, y a que la felicidad o la fortuna caigan en nuestras manos, sino que debemos aprovechar una oportunidad que puede implicar esfuerzo e incertidumbre. Podemos trazar nuestro propio rumbo y decidir nuestro destino. Los viajes y las oportunidades profesionales, los traslados y las mudanzas traerán ventajas, pero se presenta la necesidad de tomar quizá el camino más difícil pero más gratificante. Si las cosas van mal, eso es una promesa de que vendrán tiempos mejores.

Puede que los demás no aprueben los cambios que necesitamos hacer, así que dejemos atrás a las personas y situaciones negativas.

El lado en blanco dice que puede que, con las mejores intenciones, estemos viviendo los sueños de otros (muchos padres han obligado a un hijo a seguir un camino inadecuado como forma de satisfacer sus propios deseos insatisfechos). Pero, si estás descontento, asegúrate de que el cambio se debe a circunstancias externas y no a un problema interior que te llevarás contigo.

Runa 6: Kenaz, o la Antorcha

FORTALEZAS, LADO CON EL SÍMBOLO HACIA ARRIBA: Escuchar nuestra voz interior; creatividad e inspiración para encontrar nuevas soluciones a viejos problemas; la concepción de un hijo (sobre todo después de las dificultades).
DESAFÍOS, LADO EN BLANCO HACIA ARRIBA: Intrusión no deseada; ignorar la intuición; aceptar lo menos malo en la vida y en el amor; relaciones románticas y sexuales imprudentes.

Kenaz es una de las runas de fuego, que representa el fuego que iluminaba tanto los grandes salones como las moradas más humildes.

Kenaz es esa llama interior que todos poseemos y, una vez encendida, podemos acceder a la inspiración interior que nos lleva a realizar nuestro potencial interior y a seguir nuestros sueños. Todas las runas de fuego hablan de encender el amor y la pasión por la vida, y por expresar nuestras cualidades únicas de la forma que elijamos.

Kenaz te dice que, si estás decidiendo entre dos opciones, o el camino no está claro, aparecerá de repente un tercer camino previamente no considerado.

Escucha tu voz interior y tu intuición, ya que es tu mejor guía para conocer las intenciones de los demás y nos dice lo que realmente queremos y sentimos. Descubrirás que si haces a un lado las dudas tendrás la oportunidad de cumplir un sueño largamente esperado.

El amor puede estar cerca o, si lo tienes ya, habrá una renovación de la pasión si las cosas se han vuelto rutinarias. Kenaz también promete la resolución de un problema antiguo que se desarrollará repentinamente.

Su lado en blanco advierte contra la aceptación de lo menos malo en la vida o en el amor. De lo que nos arrepentimos es de lo que nunca probamos. Sin embargo, evita la tentación imprudente en el amor, si tienes una buena relación, aunque sea temporalmente aburrida; intenta revivir lo que tienes.

Runa 7: Gebo, o el Don

FORTALEZAS, LADO CON EL SÍMBOLO HACIA ARRIBA: Alegría en las relaciones, especialmente en lo relativo a la fidelidad o a cuestiones de compromiso, matrimonio, generosidad, todo lo relacionado con intercambios justos (incluidos los contratos), una bendición o bonificación inesperada en su vida, un nacimiento en la familia.

DESAFÍOS, LADO EN BLANCO HACIA ARRIBA: Mezquindad, falta de compromiso por parte de otros, dar demasiado a los que no lo merecen, especialmente en el amor o a los miembros de la familia.

Gebo es la runa de la generosidad, no solo material, sino también en tiempo y recursos, del intercambio de información y del éxito de los proyectos de grupo o de las empresas familiares. Es la runa del compromiso afectivo y sexual, del matrimonio feliz, de la fidelidad y la alegría creciente en las relaciones existentes, de las reuniones y celebraciones familiares felices, de la búsqueda y la recepción del respeto mutuo en todas nuestras interacciones, y del crecimiento de la confianza. Es un momento afortunado para recibir bonificaciones financieras inesperadas, rebajas, regalos y herencias por motivos felices.

CUANDO GEBO APARECE EN UNA LECTURA

Si eres generoso por naturaleza, Gebo nos recuerda que este puede ser el momento de pedir ayuda a los demás, si te sientes sobrecargado. Puede ser importante permitir que otros nos den, ya que a veces podemos crear resentimiento si no aceptamos con amabilidad los regalos o contribuciones de los demás.

Cuando aparece el lado en blanco, es posible que ames y des demasiado y que den por sentado tu aportación, en especial por parte de familiares, amigos y colegas que esperan que hagas más de lo que te corresponde o que te piden dinero o ayuda una y otra vez, y nunca te lo devuelven. ¿Permites o animas inconscientemente a los demás a que tomen indiscriminadamente de ti para sentirse queridos? ¿Cómo vas a crecer, si te entregas constantemente a compañeros que te defraudan, utilizan, maltratan o abandonan?

Runa 8: Wunjo, o Alegría

FORTALEZAS, LADO CON EL SÍMBOLO HACIA ARRIBA: Felicidad personal, alegría, desarrollo de intereses personales, búsqueda del reconocimiento de tu valía por parte de los demás, trazar límites a tu alrededor si los demás intentan apoderarse de tu vida, independencia, vacaciones felices en solitario.

RETOS, LADO EN BLANCO HACIA ARRIBA: Intentar complacer a todo el mundo, dejar que los demás te menosprecien, egoísmo.

Wunjo representa la felicidad a través del desarrollo de la confianza en uno mismo y la autoestima, y a través de los propios esfuerzos, más que a través de los demás. Representa el asentarse de tu yo único y separado, incluso si estás en una relación feliz.

Aunque esta runa solo aparece en el *Poema rúnico anglosajón*, el poema habla de «quien conoce pocos» o «poco de» los problemas. La segunda traducción tiene más sentido, pues sugiere que quienes han experimentado dificultades conocen la importancia de tomar la felicidad cotidiana, que se presenta de manera espontánea, tal y como viene.

CUANDO WUNJO APARECE EN UNA LECTURA

Pregúntate qué te haría feliz y realizado ahora en lugar de centrarte en hacer felices a los demás, o esperar que la vida te proporcione recompensas y te haga feliz.

Solo siendo felices con nosotros mismos podemos dar felicidad a los demás. Adopta nuevos intereses y abandona los que se han convertido en obligaciones. Desarrolla tus dones únicos y haz que tu vida laboral sea más como la deseas. Las recompensas y los dividendos por inversiones pasadas y trabajo duro se manifestarán en los seis meses siguientes a la lectura. Al igual que Ansuz, esta runa indica el éxito del autoempleo o del trabajo independiente dentro de una organización.

Si aparece el lado en blanco, es posible que tu identidad se haya difuminado. Tal vez quieras avanzar en tu vida y pasar más tiempo a solas, ya sea en unas vacaciones en solitario o de forma más permanente. ¿El miedo a estar solo impide buscar lo que deseas? Si estás intentando complacer a todo el mundo y actuando como árbitro en peleas familiares, laborales o sociales, da un paso atrás.

TU RUNA DEL DÍA

Una vez que hayas fabricado y leído sobre las ocho primeras runas, puedes colocarlas en tu bolsa. Cada mañana, saca una sin mirar. Aunque no utilices el juego completo, te dará una idea de las energías del día que tienes por delante.

Si la misma runa aparece dos o tres veces en una semana, está claro que habla de un problema que debes abordar.

Fíjate en si tu runa del día aparece con el símbolo o en blanco, ya que esto te sugerirá los puntos fuertes y las cualidades que más te ayudarán a superar los retos a los que te enfrentas.

Para inspirarte, llévate tu runa del día al trabajo o sácala contigo para absorber el poder o la protección inherentes al símbolo. Recuerda levantarte diez minutos antes, para poder sostener tu runa del día y permitir que se formen imágenes, palabras o impresiones en tu mente. Si la mañana está todavía oscura, enciende una vela blanca.

En el próximo capítulo aprenderemos diferentes formas de lanzar las runas.

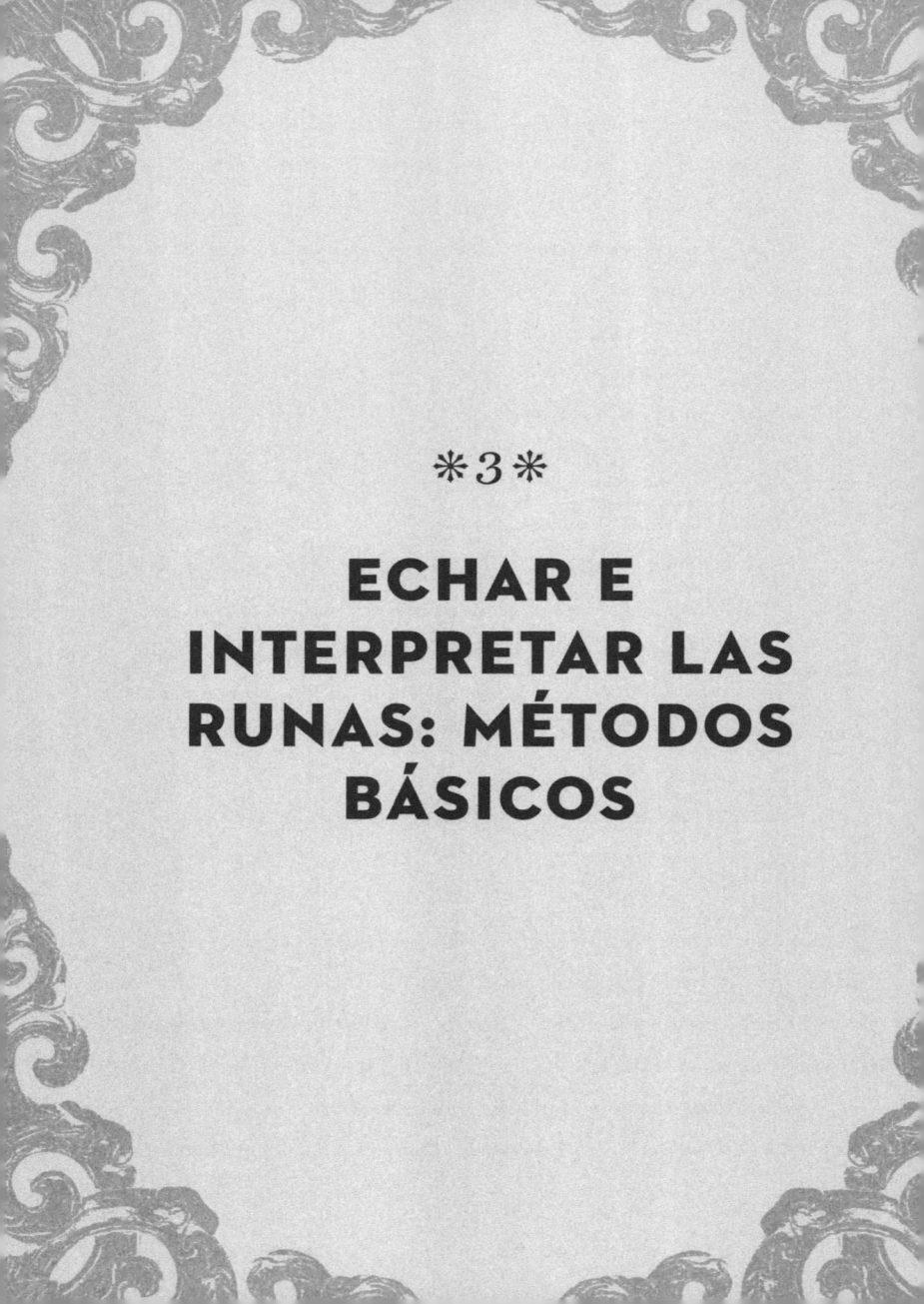

✳3✳

ECHAR E INTERPRETAR LAS RUNAS: MÉTODOS BÁSICOS

TRADICIONALMENTE, LAS RUNAS SE ECHAN AL atardecer o al amanecer, pero se puede trabajar con ellas en cualquier momento. Echar significa lanzar las runas en un círculo, real o visualizado, en lugar de seleccionarlas según un formato preestablecido. Para empezar, utiliza la primera aett en una tirada de tres runas. Sin embargo, a medida que aprendas las otras dos aetts, puedes releer este capítulo. Contiene todo lo que necesitas saber sobre la echada de las runas.

ECHAR LAS RUNAS

Por la noche, enciende cuatro velas rojas y blancas en fila, detrás de la zona de lanzamiento de runas. Quema incienso.

Si lanzas las runas al aire libre, intenta encontrar un lugar donde haya árboles o arbustos para poder estar en privado. Aunque puedes echar las runas en cualquier lugar, cuanto más trabajes en un espacio, en el interior o en el exterior, más poderosas serán las energías de las runas que se acumularán para lanzamientos posteriores. Con buen tiempo, el lanzamiento de runas al aire libre es sumamente mágico. Puedes leer con la misma precisión para ti que para los demás.

Preparación para el lanzamiento de una runa

Es una buena idea formular una pregunta inicial o definir un tema de interés, antes de echar las runas, aunque puede que ésta no acabe siendo la cuestión subyacente, una vez leídas las runas que se han lanzado.

Si estás creando un círculo rúnico temporal, hazlo mientras formulas tu pregunta o tema de interés. Si estás leyendo para otra persona, pídele que sostenga la bolsa de runas y hable sobre la pregunta que tiene que hacer, mientras tú creas el círculo.

Si estás creando un círculo más complejo, como uno hecho de conchas, pequeños cristales o piedras, pide ayuda a la persona que pregunta, dotando así al círculo de vuestras psiques conjuntas.

Algunas personas pueden no querer un círculo físico, ya que prefieren visualizar el contorno de un círculo para lanzar runas.

El lanzamiento

Arrodíllate o siéntate a unos cincuenta centímetros del paño o círculo rúnico, tanto si estás en interiores como en exteriores.

Deja la mente en blanco mientras lanzas las runas, en lugar de seguir pensando en el asunto.

Coge tres pentáculos o discos rúnicos de la bolsa, seleccionando los tres que *sientas* que son más adecuados, simplemente al tacto. Tómate tu tiempo.

Sosteniendo las runas en la mano con la que escribes (a veces llamada mano de poder), lanza las runas elegidas al círculo, de una en una o las tres juntas.

Si el asunto es complejo o urgente, puedes hacer lecturas con seis o nueve runas elegidas del mismo modo. En tal caso, lanza dos o tres tandas de tres en total, lanzando cada tanda de tres en el círculo, una tras otra. Después, lanza solo una runa cada vez o tres juntas después de permitirte a ti mismo o a la persona para la que estás leyendo hacer la elección de cada una de esas tres de la bolsa de runas. Tómate tu tiempo para elegir la(s) tripla(s).

Para una pregunta relativamente sencilla o si no se dispone de mucho tiempo, a menudo pueden bastar tres runas, seleccionadas eventualmente entre las veinticinco runas.

Interpretar la lectura

El método es el mismo, tanto si has lanzado tres, seis o nueve runas.

Lee las runas aproximadamente en el orden en que las lanzaste (incluidas las que están en blanco); decide intuitivamente, o pide a tu interlocutor que elija cuál es la primera runa clave. Continúa así hasta que hayas leído todas.

Las runas cercanas al centro del círculo, reales o visualizadas, tienden a ser cuestiones centrales o a referirse al yo esencial o al mundo interior del interrogador.

Cuanto más alejadas del círculo se encuentren las runas, más influirán otras personas o circunstancias en los asuntos sobre los que se preguntan.

Las runas que caen fuera del círculo, en la zona llamada *Isa* o Hielo (un nombre de runa que aprenderás más adelante), sugieren que habrá un periodo de espera en tu vida antes de que su influencia pueda sentirse o de que los cambios que predicen surtan efecto. Esto no indica necesariamente un estancamiento, sino que puede permitir que crezcan semillas para el futuro. Sin embargo, si todas las runas caen fuera del círculo, anota los significados, devuelve estas runas a la bolsa y vuelve a lanzarlas hasta que consigas al menos una dentro del círculo. Si ninguna entra en el círculo después de tres lanzamientos, deja la lectura para otro día.

A continuación, fíjate en si hay más lados marcados o en blanco hacia arriba. Un mayor número de símbolos hacia arriba indica que se trata de un asunto marcado por la acción, o una cuestión clara, mientras que los lados en blanco sugieren que dominan los factores ocultos.

Observa la posición relativa de las runas entre sí. Si están agrupadas, se encuentran conectadas. Si una cae encima de otra, el área ocupada por la runa dominante está anulando u oscureciendo a las demás. Obviamente, esto será más claro cuantas más runas lances pero, incluso si tres runas se dispersan por diferentes partes del círculo, puede haber varios asuntos no relacionados o puede que el consultante, al igual que las runas, se sienta fragmentado o desgarrado en diferentes direcciones por la acción de los que le rodean.

Luego, por turnos, sostén cada runa en el orden en que se lanzaron o en el orden en que el consultante o tú mismo elijáis leerlas, y permite que surja cualquier información intuitiva. Esto puede presentarse en forma de imágenes, impresiones o palabras que vengan a tu mente.

Mantén las runas con la cara en blanco hacia arriba un poco más de tiempo que las que tienen el símbolo hacia arriba y visualiza una claridad brumosa para que el factor subyacente pueda formarse espontáneamente en forma de imágenes o impresiones. Solo entonces aplica el significado de la runa, a partir de las ideas que has aprendido, y observa dónde encaja la información en la imagen que te surja.

Si lees para otra persona, a la que crees que le puede interesar lo que visualizas, pídele que sostenga cada runa inmediatamente después de que tú lo hayas hecho, y que añada sus propias impresiones psíquicas, ya que, a menudo, incluso aquellos que nunca han experimentado una lectura de runas tendrán aportaciones relacionadas con su situación actual o una decisión futura, una vez que les expliques el significado básico de las runas.

Por último, reúne todos los significados de las runas, ya sea en forma de historia o dibujando los símbolos en un papel y uniéndolos con líneas, como si fuera una telaraña. Déjate guiar por tu intuición.

Devuelve cada runa a su lugar en el círculo tras la interpretación individual, o desplaza de forma voluntaria la posición. Por ejemplo, si una cubre a otra y ya no quieres que exista su dominio en tu vida, es una forma de tomar una decisión definitiva.

Puede que te apetezca registrar las lecturas con diagramas rápidos que representen las acciones emprendidas y su resultado final.

El lado en blanco de la runa

Cuando el lado en blanco de la runa cae boca arriba, especialmente si los lados en blanco son predominantes en la tirada, puede que sepas lo que estás ocultando o lo que no puedes traer a tu vida en este momento. Pregúntate a ti mismo o al consultante si esta reacción es válida y, en caso negativo, qué es lo que te retiene. Puede que no sea el momento adecuado para el cambio que se necesita. Tal vez otras personas o circunstancias te estén frenando y tengas que actuar con más decisión, y arriesgarte a que te desaprueben, siendo esto el precio a pagar por tu libertad (busca Fehu, el precio que tienes que pagar, en una lectura de este tipo). Por otro lado, puede que descubras que te has metido en un camino que sabes que no quieres seguir.

Si te sientes preparado, devuelve la runa con la cara en blanco al conjunto, esta vez con la cara en blanco hacia arriba, y decide qué significaría en tu vida darle la vuelta a la runa en ese conjunto en concreto. A veces querrás volver a voltearla, si no estás preparado para afrontar un problema.

UN MÉTODO ALTERNATIVO PARA LANZAR RUNAS

Este método funciona muy bien con grandes pantáculos rúnicos de madera, especialmente si estás al aire libre, pero también puedes utilizarlo con runas redondas más pequeñas. Aunque es mejor con las veinticinco runas, también funcionará con la primera aett. Crea tu círculo y pon tus runas en un bote con tapa.

En esta ocasión, arrodíllate o siéntate a un metro del círculo. Si utilizas pentáculos al aire libre, puedes crear o visualizar un círculo de hasta uno ochenta metros de diámetro, para este tipo de lanzamiento.

O bien quita la tapa del bote y agítalo hacia la tela, dejando que los pantáculos se dispersen por el círculo, o bien, sujetando todos los pentáculos entre las manos entrelazadas, lánzalos hacia fuera y hacia arriba, hacia el círculo. Alternativamente, arrodíllate justo en el borde del círculo y agita enérgicamente el bote. Si las runas deben caer fuera del círculo, lo harán, independientemente del método. Ignora cualquier pantáculo o runa que caiga fuera del círculo, tanto si están sobre la tela como en el suelo.

Lee solo las runas que caen boca arriba y, si obtienes todas las runas en blanco, deja la lectura para otro día.

Una tirada de tres

Utilizaré un ejemplo en el que se lanzaron tres runas para responder a una pregunta, empleando el primer método descrito en este capítulo. Con una tirada de tres, si una respuesta no está clara, puedes añadir tres o seis runas adicionales. (La adición de seis runas lo convertiría en un lanzamiento de nueve).

Joanne ddisfruta de una exitosa carrera en un banco, pero anhela trasladarse al campo, a la casita que le ha dejado su difunta tía, que tiene un magnífico jardín. Al igual que su tía, Joanne es una entusiasta de la herboristería y cree que puede crear una gama de productos naturales de belleza y curación que constituirán la base de un nuevo tipo de negocio.

Sin embargo, su novio Gary está muy en contra del plan. Quiere comprarse un apartamento en la ciudad, cerca del banco donde ambos trabajan, aunque podría desplazarse fácilmente desde la casa del campo. Joanne invoca Fehu, o prosperidad, seguridad especialmente en lo que se refiere a la propiedad, y capacidad de desplazarse. Luego elige Uruz, que está oculta e indica una presión indebida para que no cumpla sus sueños. Su tercera runa es Raidho, el futuro arriesgado pero satisfactorio que no debe demorarse.

Fehu representa la seguridad futura de Joanne; la casa de campo está a su nombre y Gary es muy controlador en lo tocante al dinero. A ella le preocupa que, cuando tengan familia, Gary pueda ser menos generoso, si ella no trabaja fuera de casa, y que este sería un lugar ideal para criar a los hijos y obtener ingresos desde casa.

Como Fehu está cerca del centro del círculo, es una runa clave. Curiosamente, cuando Joanne sostuvo la runa, se sintió atraída por el lado en blanco, que es el precio que tendría que pagar, ya fuera perdiendo su sueño y su futura carrera en casa o enfrentándose a la desaprobación de Gary, que dice que el apartamento de la ciudad aumentará de valor. Así que hay muchas cuestiones burbujeando bajo la superficie.

Como la runa Fehu está cerca del centro del círculo, Joanne sabe que su decisión es vital para su felicidad y que, si no sigue su sueño, perderá parte de sí misma.

Uruz, la runa del obstáculo, revela los temores que ella tiene de que Gary la abandone, como él ha insinuado con bastante insistencia. El aspecto oculto de Uruz sugiere que la cuestión puede ser más profunda de lo que parece, y que lo que está en juego es todo su futuro con un hombre al que ama, pero que siempre ha antepuesto sus propios planes y necesidades.

Joanne me explicó que se sentía culpable porque su difunto padre había sido director de banco y la familia esperaba que ella, como hija única, siguiera los pasos de su padre. Sin embargo, odiaba su trabajo y sentía que estaba con Gary porque era como su padre y se sentía obligada a ajustarse a las expectativas de su familia, que coincidían con los sueños de Gary. Ella y su tía eran las ovejas negras de la familia y sentía que su tía, a quien Gary no le gustaba, le estaba ofreciendo una salida o una oportunidad para que Gary le demostrara su amor.

Raidho, la runa del viaje difícil o del cambio que implica dificultad o trabajo duro, está más cerca del borde del círculo. Joanne sabe que su propia familia se opondrá a sus planes de conservar la casa de campo y que ven a Gary como un buen partido para ella. Joanne sabe que sus planes podrían considerarse arriesgados, pero siente que está estancada en su vida actual, así que decide optar por la opción emocionante.

Al final, Gary se negó a ir con ella y, en muy poco tiempo, salía con otra subdirectora del banco. Pero, por primera vez en mucho tiempo, Joanne es feliz y libre. Ha conocido a un jardinero que comparte su pasión por las plantas.

En el próximo capítulo trabajaremos con el segundo aett, el de Heimdall, el Protector.

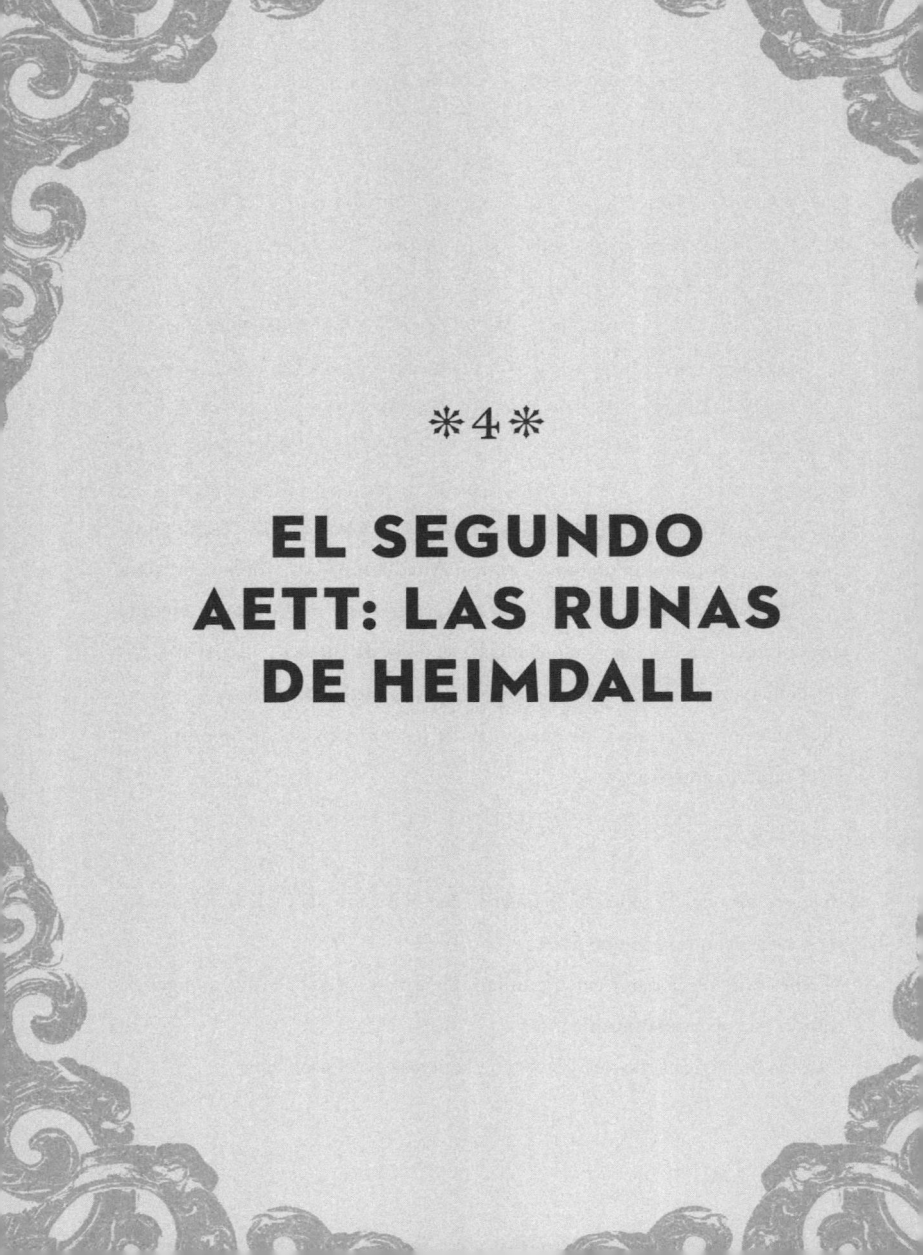

✳4✳

EL SEGUNDO AETT: LAS RUNAS DE HEIMDALL

AESTAS ALTURAS, YA TE ESTÁS FAMILIARIZANDO CON el lanzamiento de las runas. Añadiremos la siguiente aett para que las lecturas sean aún más centradas y profundas. A medida que aprendas sobre cada runa, añádela a tu bolsa de runas.

Una vez que hayas aprendido este segundo aett, podrás lanzar seis o incluso nueve runas, utilizando cualquiera de los métodos que te he propuesto en el capítulo anterior.

MÁS SOBRE LA RUNA DEL DÍA

Si eliges, de manera repetida, la misma runa el mismo día de la semana o del mes, averigua qué es lo que ocurre.

¿Tienes que relacionarte con algún familiar en esos días? ¿Visita tu lugar de trabajo un supervisor intimidante?

Cambia de táctica si no puedes evitar a la persona o el problema.

EL AETT DE HEIMDALL, O HAGALAZ

Hagalaz, el nombre de la primera runa de este conjunto, representa el granizo. La segunda aett también recibe el nombre del protector Heimdall, guardián de los dioses, que vigilaba el Puente Arcoíris de Yggdrasil entre Asgard (el reino de los dioses) y Midgard (el reino de los mortales).

Hagalaz: El granizo, la semilla de hielo

FORTALEZAS, LADO DEL SÍMBOLO HACIA ARRIBA: Perturbación temporal o cambio no deseado que conlleva una transformación positiva, dificultad a corto plazo para obtener beneficios a largo plazo.

RETOS, LADO EN BLANCO ARRIBA: Alienación por parte de los demás, aislamiento, sufrimiento por permitir que otros nos opriman.

Hagalaz es una runa de Hielo, y el Hielo es el quinto elemento de la cosmología nórdica, siendo los otros la Tierra, el Aire, el Agua y el Fuego. La semilla cósmica de hielo se fusionó con el fuego para dar lugar a la creación.

En los *Poemas rúnicos*, el granizo recibe el nombre de granos blancos, en recuerdo a la cosecha y, aunque es punzante al contacto, se derrite para liberar el agua necesaria para la vida y el crecimiento de la tierra.

Por lo tanto, Hagalaz no predice el desastre, sino que indica que una crisis, perturbación o contratiempo que hayas experimentado, o que esté en tu vida ahora puede utilizarse a través de la acción, para permitir que nuestras vidas crezcan en una dirección nueva y más fructífera.

Puede que necesitemos causar trastornos para ser capaces de hacer frente a una situación injusta o insatisfactoria. Del mismo modo, si fluimos con un destino que nos empuja fuera de nuestra zona de confort, al cabo de unos meses, o incluso semanas, obtendremos recompensas positivas. Es un buen momento para abandonar un mal hábito, o superar un miedo o una fobia.

El lado en blanco indica que podemos estar sufriendo rencor mezquino o críticas injustas, ya sea en el trabajo o en nuestras relaciones personales. No aceptes que te traten como a un don nadie. Sabes que vales más, así que utiliza la lógica del aire, el transportador del granizo, para cortar cualquier oposición y murmuración.

Naudhiz: el fuego del Festival, lo que necesitamos

FORTALEZAS, LADO DEL SÍMBOLO HACIA ARRIBA: Motivo de celebración, autosuficiencia, éxito gracias a nuestro propio esfuerzo, reconocer y satisfacer nuestras propias necesidades, encender la pasión, desarrollar el amor en una situación difícil.

DESAFÍOS, LADO EN BLANCO HACIA ARRIBA: Satisfacer las necesidades de los demás a expensas de las propias, codependencia, exceso de posesividad por parte de los demás.

Naudhiz, una runa de fuego, representa el huso de madera que genera el fuego del festival por fricción. Estos fuegos ceremoniales se encendían en los días de cambio estacional. Naudhiz representa nuestras necesidades y deseos personales, por lo que es una runa de independencia. Naudhiz también se asocia con la magia del amor.

CUANDO NAUDHIZ APARECE EN UNA LECTURA

Puede que haya algo que necesites hacer y que tal vez hayas dejado de lado pero, aunque sea sin ayuda, es hora de que lo hagas tú mismo. Este es un excelente augurio para todas las empresas independientes y las iniciativas empresariales en solitario, especialmente cuando hay mucho trabajo duro que hacer para el lanzamiento inicial.

El lado en blanco de la runa indica una dependencia excesiva de los demás o una implicación excesiva en la vida de familiares o amigos. También advierte de que un amor que no puedes revelar necesita que le exijas más o que lo arriesgues todo, o la llama se apagará.

Isa: Hielo

FORTALEZAS, LADO DEL SÍMBOLO HACIA ARRIBA: Necesidad de avanzar lentamente, reconciliación en el tema amoroso o de la familia, prudencia y lentitud en la preparación.

RETOS, CON LA CARA EN BLANCO HACIA ARRIBA: Sentirse totalmente estancado en una situación o relación, ser el chivo expiatorio, de manera injusta, de los fracasos familiares o conyugales.

Isa es la runa del Hielo y, al igual que Hagalaz, hace referencia al quinto elemento en la tradición nórdica.

Los *Poemas rúnicos* hablan de la frialdad y la belleza de Isa. El *Poema rúnico nórdico* lo ve como un puente entre dimensiones que necesita ser negociado con cuidado por aquellos que quizás están cegados por el miedo a seguir adelante. Sin embargo, debe cruzarse antes de que el hielo se derrita y desaparezca la oportunidad.

CUANDO ISA APARECE EN UNA LECTURA

Tanto si nos hemos congelado en la inactividad como si las circunstancias nos impiden avanzar, es un buen momento para iniciar cualquier negociación, hacer intentos de reconciliación con personas difíciles o testarudas y dar los primeros pasos hacia un cambio futuro. Es un buen augurio para empezar a emprender una nueva carrera profesional.

Si el lado en blanco está hacia arriba, examina qué o quién te está frenando. Tal vez no sea el momento adecuado para cambiar o no estés seguro de cuál es el movimiento correcto. En este caso, tal vez sea mejor esperar y dejar que el hielo se derrita a su debido tiempo. Pero no aceptes culpas injustificadas por la terquedad o negatividad de los demás.

Jera: la cosecha

FORTALEZAS, LADO DEL SÍMBOLO HACIA ARRIBA: Los buenos resultados de la aportación y el esfuerzo anteriores; fertilidad en todos los sentidos, incluida la concepción de un hijo; una bonificación o una recompensa o promoción merecidas.

RETOS, CON LA CARA EN BLANCO: Negarse a aprender de los viejos errores y seguir adelante con lo que claramente no va a funcionar (para ejemplo, las personas que aman a la persona equivocada y la aceptan una y otra vez).

Jera es la runa de un año fructífero, la buena cosecha. fruto de las semillas bien plantadas y cuidadas, y los *Poemas Rúnicos* hablan del rey del Cielo, o Frey, dios de la fertilidad y la cosecha, que permite que los campos florezcan en abundancia para todos. Pero, por supuesto, eso implica una aportación terrenal, desarrollar, nutrir y perseverar con planes a largo plazo, en lugar de esperar un retorno instantáneo.

CUANDO JERA APARECE EN UNA LECTURA

Jera habla de mostrar en público talentos que has practicado y refinado. También representa la promoción merecida y el reconocimiento de los esfuerzos materiales, la recepción de dinero adeudado, el éxito en asuntos legales, la fertilidad y la buena fortuna.

Jera es también un recordatorio de que existe un momento adecuado para todo. Representa la acción, la espera, el comienzo de una nueva aventura y el paso a la siguiente fase.

El lado en blanco de esta runa indica la necesidad de una evaluación realista, sobre si estás malgastando tu vida con alguien que abusa constantemente de tu buena naturaleza o que nunca se comprometerá del todo contigo. Si no aprendemos de cada etapa de nuestra vida, la gran rueda cíclica se convierte en una cinta de correr, con una repetición de los mismos errores.

Si tus relaciones o trabajos tienden a terminar siempre de la misma forma, puede ser importante que te preguntes por qué y veas si necesitas cambiar tus respuestas o expectativas.

Eihwaz: el tejo

FORTALEZAS, LADO DEL SÍMBOLO HACIA ARRIBA: La lealtad en el amor y la amistad, el valor de lo perdurable, los comienzos después de los finales, la utilización de los recursos que se tienen en el momento presente, en lugar de perder el tiempo en lamentaciones.

DESAFÍOS EN BLANCO: Evita dejar de lado lo que vale la pena por culpa de la emoción o por una oferta demasiado buena para ser cierta.

Dado que el tejo es el árbol más longevo, fue adoptado por los pueblos del Norte como símbolo de longevidad, tradición y vida eterna, y en el *Poema rúnico nórdico* se le llama «el bosque más verde del invierno»; un árbol siempre verde que promete vida y esperanza incluso en la estación muerta del invierno.

Por este motivo, en el *Poema rúnico islandés*, la runa también se asocia a un arco hecho de madera de tejo, como símbolo de la nueva vida a partir de lo viejo y de la remodelación de lo existente, aunque no sea lo ideal o lo que se había planeado.

CUANDO EIHWAZ APARECE EN UNA LECTURA

Al igual que la carta de la muerte en el tarot, esta runa nunca predice la muerte, sino más bien un final a veces inoportuno e inevitable de una situación o fase de la vida. Un nuevo mundo está esperando, pero no puede aparecer hasta que hayas terminado con el antiguo asunto, te hayas despedido física o emocional-mente, y te hayas permitido hacer el duelo.

Has de valorar y dar más importancia a los amigos leales, la familia y la pareja. Da prioridad a cualquier estudio o formación a largo plazo. Escucha los consejos de personas mayores o expertos.

Si aparece el lado en blanco, no te dejes tentar por una solución rápida ni por nuevos y atrayentes amigos, ni tampoco por un flirteo, si tu relación pasa por una mala racha. Si estás de duelo, permítete expresar tus emociones negativas en lugar de reprimirlas. Deja ir las viejas voces de tu cabeza.

Perthro: la Copa del Juego

FORTALEZAS, LADO DEL SÍMBOLO HACIA ARRIBA: Buena suerte inesperada al arriesgarte, el resurgimiento de la persona real y esencial que eres por dentro, lo que realmente te importa, defender tus creencias

RETOS, LADO EN BLANCO ARRIBA: Dejarlo todo al azar, creer que no se puede cambiar una situación y, por tanto, no intentarlo, asumir riesgos excesivos y especular.

Perthro es la runa de la suerte, o copa rúnica, en la que los antiguos guerreros probaban su suerte. Los antiguos *Poemas Rúnicos* hablan de juego y risas en el salón de la cerveza, ya que el juego y el lanzamiento de runas eran a veces el mismo y alegre proceso. Probar suerte, como hacían los guerreros, tanto en el juego como en el lanzamiento de runas, reflejaba la voluntad de las deidades, ya fuera para la batalla, la exploración o decisiones más personales. Al mismo tiempo, se esperaba que el jugador o adivino tomara las medidas apropiadas para maximizar la buena fortuna o evitar posibles trampas. Al hacerlo, descubrían la resistencia de su verdadero yo, con sus puntos fuertes y débiles, sus vicios y sus virtudes.

CUANDO PERTHRO APARECE EN UNA LECTURA

Pronto descubrirás información secreta o desconocida que te será de gran utilidad. Valora su verdadero yo esencial y mantente fiel a tus principios, en lugar de intentar encajar en las expectativas de los demás, sean cuales sean las presiones o los incentivos para hacer lo contrario. Arriésgate, ya que es un momento de suerte. Prueba con un interés o desarrolla un talento que siempre has querido probar, pero no te atrevías. Perthro significa que las energías presentes en tu vida son las adecuadas para expresar y hacer realidad tus deseos, fantasías o sueños secretos. Perthro te pide que te valores, porque no puedes ser ni más ni menos de lo que ya eres. Siendo fiel a ti mismo, encontrarás una felicidad nueva y plena, y que solo depende de tus propios esfuerzos y talentos.

Si la cara en blanco está hacia arriba, quizá te estés arriesgando demasiado a que la suerte te sea propicia, sobre todo en el aspecto financiero.

Si el destino te ha jugado una mala pasada, tu forma de actuar o reaccionar puede marcar la diferencia. Aun así, no aceptes la culpa de la ineptitud de los demás, que podría acabar recayendo sobre ti mismo.

Elhaz o Algiz: el alce o la hierba marina

FORTALEZAS, LADO DEL SÍMBOLO HACIA ARRIBA: Afrontar las dificultades de frente y resolverlas; altruismo; llegar alto gracias a los logros y a la lucha por cumplir un sueño; buenas perspectivas de empleo, especialmente después de un período de desempleo o de amenazas a los medios de subsistencia.

DESAFÍOS, LADO EN BLANCO ARRIBA: Buscar una solución fácil a los problemas o negar su existencia, tomar la ruta de menor resistencia, no ver más allá de la situación inmediata.

Elhaz es una runa con múltiples significados. El *Poema rúnico anglosajón*, el único que menciona esta runa, interpreta la runa como hierba marina, que se encuentra en las marismas y que «hiere de forma terrible... a cualquier hombre que intente agarrarla». Esta hierba afilada representa la ortiga que es difícil de agarrar pero que, una vez que se ha conseguido, es tradicionalmente útil para hacer paja, leña para el fuego y cama para los animales.

La forma de la runa también representa la cornamenta de un alce, otra traducción, que puede utilizarse en ataque o defensa. También indica los recursos disponibles para actuar de forma poderosa y altruista.

Sobre todo, habla del yo espiritual superior y de la necesidad de desarrollar la propia naturaleza espiritual sin dejar de vivir en el mundo.

Aprovecha las oportunidades o toma una decisión, aunque sea difícil o dolorosa, ya que esto despejará el camino hacia un muy buen futuro. Esto podría manifestarse en forma de la liberación de limitaciones o un nuevo camino vital. Alternativamente, puede aparecer cuando estés contemplando la posibilidad de estudiar artes curativas, espirituales o terapéuticas, o de reducirte a un estilo de vida más significativo y sencillo.

Cuando aparezca la cara en blanco, hay que reconocer que los problemas acuciantes no van a desaparecer sin más, por lo que negar su existencia implica acumular problemas para el futuro.

Sowilo: el Sol

FORTALEZAS, LADO DEL SÍMBOLO HACIA ARRIBA: Confianza en uno mismo, salud, felicidad, viajes, éxito en el campo profesional elegido, fama y fortuna.
RETOS, LADO EN BLANCO ARRIBA: Énfasis excesivo en los logros en los términos del mundo, y también agotamiento físico, emocional o espiritual.

Esta es la tercera runa de fuego, después de Kenaz y Naudhiz. Es la runa del sol -o de la rueda solar- que destruye el hielo invernal, hace crecer las cosechas y guía a los marinos. En el mundo nórdico, donde el sol era tan preciado, es la runa más propicia para cualquier aspecto de la vida. En el *Poema rúnico nórdico antiguo* se la considera la «luz de las tierras», mientras que el *Poema rúnico islandés* habla del sol como el «destructor vitalicio del hielo» y la «esperanza y guía de los marinos» y de todos los que creen en sí mismos y buscan aventuras. Sobre todo, significa la aparición de nuestro propio sol personal, nuestra plenitud y felicidad potenciales.

CUANDO SOWILO APARECE EN UNA LECTURA

El año que comienza será muy fructífero y afortunado; bueno para la realización de ambiciones y proyectos importantes, para viajar y para una prosperidad duradera. También representa la fama y la fortuna, si te dedicas a las artes escénicas, creativas o literarias. Cree en ti mismo.

Si aparece el lado en blanco de la runa, tal vez estés trabajando demasiado y sientas que tu calidad de vida o la de tus relaciones se está resintiendo. Aléjate de la rutina durante un tiempo, tómate unas vacaciones tranquilas o disfruta de la naturaleza.

A medida que vayas lanzando tus conjuntos de runas, empezarás a ver patrones en las runas que elijas, incluso con los dos primeros conjuntos. Por ejemplo, considera la mezcla de runas frías -como Hagalaz, el granizo, e Isa, el hielo- con runas de fuego -como Naudhiz, el fuego del festival, y Cenaz, la antorcha que ilumina la oscuridad-. Si ves esta combinación, sabrás que tienes que unir a personas o situaciones opuestas para encontrar el equilibrio.

Si alguna vez te sientes atascado mientras interpretas, simplemente cierra los ojos e imagina, por ejemplo, el fuego ardiendo hacia el cielo nocturno en un festival, o un puente de hielo entre dos terrenos que hay que cruzar con cuidado. Las runas representan fuerzas y sentimientos reales que son tan poderosos en el mundo moderno de hoy como lo eran en el mundo antiguo, en el que fueron creadas.

En el próximo capítulo exploraremos el último aett: el aett de Tyr, el noble dios guerrero de la justicia.

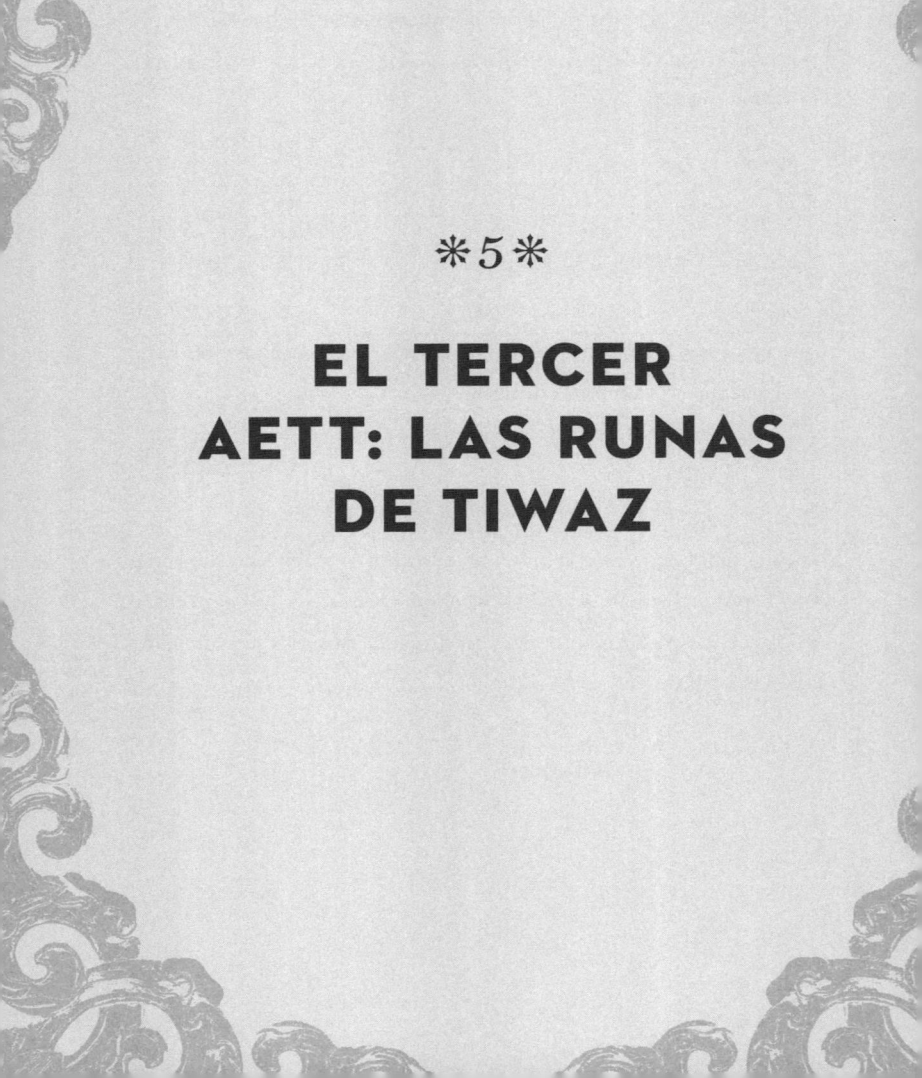

✳5✳

EL TERCER AETT: LAS RUNAS DE TIWAZ

S EGÚN VAYAS APRENDIENDO EL CONJUNTO FINAL DE runas, añade cada una a tu bolsa y, a partir de entonces, podrás hacer lanzamientos completos de nueve.

EL AETT DE TIWAZ

Estas ocho runas están bajo la protección de Tyr (también conocido como Tiw), el Espíritu Guerrero, el noble dios guerrero que sacrificó el brazo con el que se blande la espada para proteger a las demás deidades y a su padre Odín de Fenrir, el lobo cósmico.

Tiwaz: la estrella polar, una estrella guía

FORTALEZAS, SÍMBOLO HACIA ARRIBA: Justicia, altruismo, seguir un camino que merezca la pena a pesar de las dificultades, verdad revelada, hacer realidad sueños realistas, viajes de larga distancia y de larga duración.

DESAFÍOS, LADO EN BLANCO ARRIBA: Sueños e ilusiones poco realistas, sacrificio innecesario, especialmente por los seres queridos, perder la fe en la vida y en uno mismo, depresión.

Tyr es el dios nórdico que presidía todos los asuntos de justicia. En los *Poemas rúnicos nórdicos e islandeses*, a Tyr se le llama el dios manco, en referencia al sacrificio que hizo de su don más preciado, la mano de su espada, para atar a Fenris-Lobo. Los Poemas rúnicos hablan de «mantener la fe, a pesar de la oscuridad de la noche». Tyr también luchó con su brazo de plata y no tuvo miedo de pelear por lo que era valioso y correcto. La runa dice que podemos vencer mediante la perseverancia y sin perder nunca la fe en nuestros principios. La runa también significa la realización de un talento oculto o un don creativo que puede convertirse en una segunda o nueva carrera.

CUANDO TIWAZ APARECE EN UNA LECTURA

Esto es algo favorable para todas las actuaciones públicas, competiciones y artes escénicas. También es un buen augurio para viajar -especialmente de forma independiente- o para un nuevo estilo de vida que implique viajar. Es bueno para asuntos judiciales contra una oposición poderosa o corrupta, para recuperarse de una enfermedad, y también para aceptar un recorte salarial o una reducción de personal, a cambio de cumplir un sueño a largo plazo. Si has tenido que poner temporalmente tu vida en suspenso porque un ser querido te necesita, este sacrificio a corto plazo se te recompensará con creces.

El lado en blanco de la runa puede aparecer si estás haciendo sacrificios innecesarios por aquellos que pueden cuidar de sí mismos o si no estás preparado para comprometerte y aceptar lo que es posible en este momento, aunque no sea lo ideal. Si estás sufriendo por culpa de las mentiras de los demás, la verdad saldrá a la luz.

Berkano: la diosa madre, el abedul

FORTALEZAS, LADO DEL SÍMBOLO HACIA ARRIBA: Renovación, curación, regeneración física o espiritual, fertilidad y maternidad en todos los aspectos.

DESAFÍOS, LADO EN BLANCO ARRIBA: Falta de voluntad para aceptar a nuevos miembros de la familia, influir en los miembros de la familia a través de la culpa, mezclarse con camarillas en el trabajo y en la amistad, y volver a empezar constantemente en lugar de perseverar cuando las cosas se ponen difíciles.

Berkano se asocia con Berchta, una diosa nórdica de la Tierra que cuida de las madres y los niños, especialmente de los abandonados, y también con la madre original de la Tierra nórdica, Nerthus.

Su significado secundario es el abedul, el primer árbol que recolonizó la tierra tras el retroceso de la última Edad de Hielo.

Según el *Poema rúnico nórdico antiguo*, el abedul «echa brotes sin necesidad de siembra», por lo que se asocia con el renacimiento y el volver a empezar, especialmente en situaciones difíciles y en etapas posteriores de la vida.

CUANDO BERKANO APARECE EN UNA LECTURA

Berkano representa un tiempo de nuevos comienzos o de renacimiento de lo que se creía perdido. Es un excelente augurio para la fertilidad, el embarazo y la maternidad en todas las edades y etapas. Sugiere éxito para la puesta en marcha de iniciativas empresariales o de nuevos proyectos creativos, sobre todo por parte de personas mayores, o de una nueva carrera profesional tras la jubilación. Simboliza un momento feliz en el seno de la familia y la acogida de nuevos miembros, especialmente en caso de segundas nupcias.

Las relaciones pueden ser un tema central en este momento, y puede que estés empezando de nuevo o intentando revivir la magia en una relación duradera. La gente necesita que les ofrezcas simpatía y cariño.

Cuando aparece el lado en blanco, es posible que tengas que actuar como pacificador entre familiares o colegas enfrentados, y aceptar a las personas por lo que son, no por lo que te gustaría que fueran. Si los miembros de tu familia te manipulan para imponerte obligaciones o por conseguir favoritismos, o si sufres las camarillas en el trabajo, es hora de dar un paso atrás y negarte a entrar en juegos de poder que no puedes ganar.

Ehwaz: el caballo

FORTALEZAS, LADO DEL SÍMBOLO ARRIBA: Relaciones armoniosas, conseguir el equilibrio adecuado entre las exigencias internas y externas o los diferentes aspectos de la vida, todas las negociaciones y empresas conjuntas, la ampliación de horizontes, mudanzas o traslados, viajes con otras personas.

DESAFÍOS, LADO EN BLANCO ARRIBA: Permitir que alguien menos sabio o más débil dicte el curso de los acontecimientos, falta de armonía entre la pareja, inquietud y búsqueda constante de nuevos lugares, personas y situaciones.

El caballo es un animal sagrado para los vikingos, en especial los caballos que llevaban a sus jinetes a la batalla. El caballo es un símbolo de perfecta confianza y armonía con otra persona o dentro de uno mismo. Esta runa, mencionada únicamente en el *Poema rúnico anglosajón*, destaca la alegría que un caballo aporta a su jinete y cómo puede hacer que este se sienta como «un príncipe» o *aethling* (persona de alto rango).

CUANDO EHWAZ APARECE EN UNA LECTURA

Ehwaz indica la rápida resolución de un asunto o la necesidad de una respuesta rápida, anuncia viajes y vacaciones de trabajo -especialmente una para cumplir un sueño o una oportunidad inesperada a la que debe decir sí- y es bueno para negociar asociaciones de negocios, para el restablecimiento de la armonía en una relación o familia, así como para la resolución de luchas de poder o acoso a través de la negociación o medios oficiales.

Si aparece el lado en blanco, es hora de dar un paso atrás y dejar de actuar como pacificador en los conflictos ajenos y aceptar que no puedes hacerlo todo y complacer a todo el mundo.

Concéntrate en tus propias prioridades.

Mannaz: Humanidad

FORTALEZAS, LADO DEL SÍMBOLO ARRIBA: Aceptación de las debilidades y fortalezas, tanto de uno mismo como de los demás, igualdad en el trabajo y en las relaciones, aprendizaje de nuevas habilidades, búsqueda de la perfección y todos los asuntos relacionados con el aprendizaje estructurado, el estudio y el trato con los funcionarios.

DESAFÍOS, LADO EN BLANCO ARRIBA: Ser excesivamente crítico y pretender estándares imposibles en uno mismo y en los demás; problemas de discriminación por edad, sexismo, intolerancia religiosa y racial; luchar contra la autoridad cínica o corrupta.

Mannaz, la runa del hombre y la mujer, es la runa de nuestras fortalezas y debilidades, y de encontrar un estilo de vida con sentido. Odín y sus hermanos crearon al primer hombre y a la primera mujer a partir de un fresno y un olmo, y sus descendientes repoblaron el nuevo mundo tras la destrucción del viejo.

El *Poema rúnico anglosajón* habla de la mortalidad de la humanidad y de que al hombre, en su alegría, le aman sus parientes y, sin embargo, al final se separa de ellos en la muerte.

Mannaz representa nuestro potencial para alcanzar la iluminación espiritual y nos dice que debemos valorar nuestras relaciones pero, en última instancia, aceptar que somos nosotros mismos por separado y que no podemos vivir totalmente a través de los demás.

Maximiza tus puntos fuertes y tus capacidades y no niegues tus debilidades innatas. No culpes a los demás por ellas ni esperes que las compensen. Cualquier desigualdad o injusticia se superará si sigues empujando, ya sea un techo de cristal en el trabajo o discriminación porque nosotros o nuestros seres queridos somos de alguna manera diferentes. Te resultará más fácil aprender cualquier nueva habilidad que necesites. También puede ser el momento de reclamar el mérito por tus conocimientos y tu duro trabajo.

Si la cara en blanco está hacia arriba, acepta que no eres Superman ni la Mujer Maravilla, y que puede que tengas que delegar responsabilidades, si estás haciendo más de lo que te corresponde, o pedir consejo o ayuda. Puede que te des cuenta de que alguien a quien querías o admirabas tiene defectos y eso te decepcione, pero esto no debe ser motivo para abandonar la relación o la situación. En lugar de eso, mira a ver qué se puede arreglar y cómo se puede restablecer la confianza.

Laguz: El agua, el mar

FORTALEZAS, LADO DEL SÍMBOLO ARRIBA: Arriesgarse a buscar una gran felicidad más allá de la zona de confort sin garantías de éxito, cambios importantes en la vida, seguir el flujo de la vida, oportunidades inesperadas, confiar en la sabiduría inconsciente y la intuición, dar un paso hacia lo desconocido, vacaciones aventureras o un trabajo que implique viajar mucho, poderes psíquicos, aventuras imaginativas y seguir a tu corazón y no a tu cabeza.

DESAFÍOS, LADO EN BLANCO ARRIBA: Ceder al exceso de sentimentalismo, caer en el chantaje emocional o utilizarlo, cambiar según el estado de ánimo, sacrificarlo todo por la lujuria o las relaciones amorosas irresponsables.

Esta runa representa, según los antiguos *Poemas rúnicos*, los barcos que los vikingos utilizaban para viajar a tierras lejanas -incluida América-, descritos como «corceles de roble» o «caballos de roble», que se enfrentaban a los peligros del «agua agitada» y del «semental de salmuera que no atiende a su brida».

Para los vikingos, el agua era un asunto aterrador y emocionante al mismo tiempo, porque los viajes por mar eran peligrosos, pero a la vez podían conducir a grandes conquistas y descubrimientos. El agua nunca retrocede y siempre encuentra un camino para sortear los obstáculos. Hace falta valor para seguir una opción inesperada o arriesgada, pero puede ser emocionante y, a menudo, el camino hacia la verdadera felicidad. En definitiva, es una runa para arriesgarse y seguir al corazón más que a la lógica.

CUANDO LAGUZ APARECE EN UNA LECTURA

Puede que estés considerando dar un cambio total en tu estilo de vida o poner en marcha una gran empresa, aunque puede que el momento y las circunstancias no sean exactamente los deseados. Puede que tengas que dejar atrás ciertas certezas, para alcanzar tu sueño.

Confía en tu intuición para que te guíe, improvisando y adaptándote sobre la marcha, porque puede que este momento no vuelva a repetirse y lo que más lamentamos es lo que nunca intentamos. Puede que haya llegado el momento de probar algo totalmente ajeno a tu carácter, o de decir la verdad y arriesgarte emocionalmente, sobre todo si te han hecho daño en el pasado.

Si aparece el lado en blanco, los demás pueden intentar utilizar el chantaje emocional o la presión para apelar a tus sentimientos. Consulta tus instintos antes de comprometerte en una situación irrevocable o de hacer promesas de las que puedas arrepentirte. Evita tirar por la borda el amor y la confianza, a cambio de lo que parece una tentación irresistible. Ten cuidado con los vampiros emocionales que agotan tus recursos y tus energías.

Ingwaz: Fertilidad, el Dios de la Fertilidad

FORTALEZAS, LADO DEL SÍMBOLO ARRIBA: Iniciar empresas creativas que tendrán éxito en un plazo de seis a doce meses, tomar el camino convencional hacia el éxito, aunque sea lento, promesa de días mejores en el futuro, fertilidad -especialmente para los hombres-, relaciones significativas y magia amorosa y sexual.

DESAFÍOS, LADO EN BLANCO ARRIBA: Impaciencia por alcanzar el éxito instantáneo o por llegar a resultados que pueden sabotear esfuerzos anteriores, estancamiento en las relaciones o en la carrera profesional, dudas sobre si formar una familia o no...

Ing o Freyr, el dios nórdico de la fertilidad y consorte de la diosa madre Nerthus o Berkano, conducía su carro por los campos después del invierno, para liberar la fertilidad de la tierra, de los animales y de las personas, tal y como describe en el *Poema rúnico anglosajón*. Esto formaba parte de una ceremonia matrimonial sagrada con Nerthus, y luego se retiraba para permitir que las semillas germinaran y creciesen. También era el dios protector del hogar.

CUANDO INGWAZ APARECE EN UNA LECTURA

Emprende una aventura o inicia una comunicación, pero prepárate para tener que esperar una respuesta o resultados, ya que la paciencia dará sus frutos. Es una buena runa si deseas tener un bebé, especialmente si el varón de la relación tiene problemas de fertilidad. Toma el camino convencional en los estudios, legalmente, financieramente o siguiendo una trayectoria profesional lenta pero segura.

Si aparece el lado en blanco, es posible que tu vida esté estancada. Tómate unos días para que germinen las ideas sobre los cambios que desearías, pero estos deberán iniciarse paso a paso para que sean duraderos. Puede haber preocupaciones subyacentes sobre cómo formar o aumentar una familia, especialmente si hay hijos de relaciones anteriores o uno de los miembros de la pareja no quiere o no puede tener hijos. El compromiso y la sensibilidad pueden resolver el problema.

Othala: la granja

FORTALEZAS, LADO DEL SÍMBOLO ARRIBA: Esta runa es buena para todos los asuntos de propiedad; mejoras en la estabilidad financiera y emocional;

un tiempo feliz para el hogar, la familia y las mascotas; mejora de la salud y la felicidad de los miembros mayores de la familia; posibles crecimientos de la familia a través de un nuevo matrimonio.

DESAFÍOS, LADO EN BLANCO ARRIBA: Recursos financieros que se agotan, tal vez debido a demandas poco razonables por parte de la familia, preocupaciones por los miembros mayores de la familia y su cuidado, y niños de cualquier edad que pueden estar experimentando o causando problemas.

Othala, la granja, representa la organización práctica de la vida doméstica. En los *Poemas rúnicos*, se dice que Othala es «amada por todos los humanos». Esta satisfacción doméstica está vinculada a una buena cosecha. Aunque los nórdicos fueron grandes trotamundos, el hogar era muy importante para ellos, y establecer nuevos hogares con la bendición de los guardianes de la tierra en la nueva tierra era una prioridad.

CUANDO OTHALA APARECE EN UNA LECTURA

Es buen momento para los negocios inmobiliarios, para la compraventa de viviendas, para trabajar desde casa y pasar tiempo de calidad con la familia o los amigos íntimos. Se favorecen las reformas o la construcción de viviendas.

Si aparece el lado en blanco, es posible que tengas que economizar en casa y no permitir que tus familiares o amigos te utilicen como un pozo sin fondo. Puede que sientas resentimiento porque los demás en casa no te ayudan prácticamente nada. Ponte firme si las personas que viven contigo, especialmente los hijos adultos, te causan estrés.

A veces se coloca Othala como runa final, pero me parece más lógico que Dagaz, el despertar, sea la última runa.

Dagaz: el Amanecer del Día, el Despertar

FORTALEZAS, LADO DEL SÍMBOLO ARRIBA: La luz al final del túnel, nuevos comienzos, creer en ti mismo aunque los demás duden de ti, una oportunidad repentina para brillar o triunfar...

DESAFÍOS, LADO EN BLANCO ARRIBA: Vivir para el futuro y no aprovechar el presente, pesimismo indebido sobre la vida, aferrarse a penas pasadas.

Dagaz, cuyo nombre significa *día*, era el hijo radiante de Nott, la diosa de la noche. Cada amanecer, Dagaz montaba su reluciente carro, tirado por su blanco corcel, Skin-faxi (cuyo nombre significa *crin brillante*), trayendo el amanecer. El *Poema rúnico anglosajón*, el único que describe a Dagaz, se refiere a la runa como «el mensajero del Señor», lo que refleja un intento de los escribas de cristianizar los *Poemas rúnicos*. Se considera que la luz de Dagaz «brilla sobre ricos y pobres por igual, ofreciéndoles esperanza».

Dagaz es una runa muy excitante y positiva, ya se refiera a la mejora de la salud para ti o para un ser querido; a una nueva oportunidad profesional, especialmente tras la pérdida de un empleo, una quiebra o un despido; o a un repentino renacimiento del amor o de la buena suerte.

CUANDO DAGAZ APARECE EN UNA LECTURA

Dagaz promete que la vida mejorará si sigues adelante y tienes fe en ti mismo. Observa con buenos ojos el aprendizaje de nuevas habilidades, el reciclaje, las oportunidades de estudio o la búsqueda de una nueva carrera y promete una situación mejor en lo que respecta a una persona joven. Es un buen signo para superar adicciones, deudas, miedos y fobias o depresiones; encontrar un nuevo amigo o amor que cambiará tu vida; alegría en el embarazo y a través de los hijos; y una increíble buena fortuna por delante.

Si aparece el lado en blanco, puede sugerir que esperas continuamente un mañana mejor o que te preocupas demasiado por fracasos pasados, rechazos y peligros futuros, en lugar de aprovechar al máximo lo que se te ofrece ahora. Si tu confianza se ha roto, acércate a quienes te apoyan en lugar de encerrarte en ti mismo.

En el próximo capítulo conocerás la vigesimoquinta runa, la que está totalmente en blanco, y aprenderás a trabajar con disposiciones de runas como alternativa al lanzamiento.

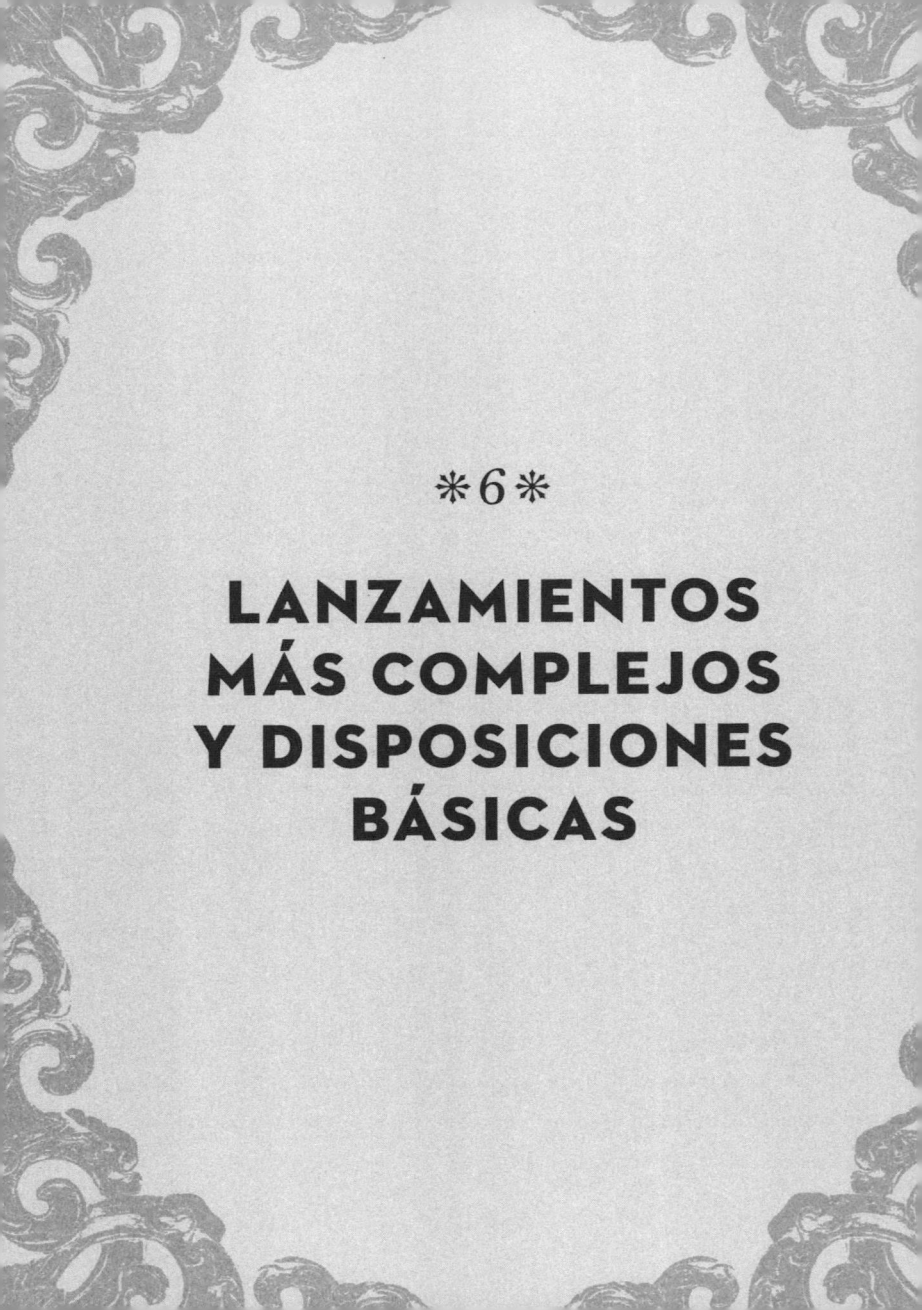

✳6✳

LANZAMIENTOS MÁS COMPLEJOS Y DISPOSICIONES BÁSICAS

ÑADIREMOS UNA ÚLTIMA RUNA A LAS TRES AETTS QUE hemos aprendido, la blanca, en la que no se dibuja nada a ambos lados de la piedra rúnica o pentáculo. Lanzar la runa en blanco puede traernos a primer plano un asunto clave o una transición importante en la vida, cuando se necesita tiempo para considerar todas las opciones antes de actuar. También puede indicar un elemento inesperado o una oportunidad. Esta runa en blanco se llama la Runa de Odín, el Dios Padre de la profecía, o Runa de Wyrd, el futuro que puedes decidir y moldear.

CUANDO APARECE EL ESPACIO EN BLANCO EN UNA LECTURA

Indica que no puede confiar en las respuestas tradicionales, ni en los consejos de los demás, y el rumbo correcto puede representar un salto hacia lo desconocido. Te encuentras en una encrucijada y el futuro aún está por explorar y determinar por parte de ti mismo.

LLEVAR A CABO EL LANZAMIENTO DE RUNAS

Puedes releer el capítulo 3 (página 44) para recordar los dos métodos de lanzamiento de runas.

Si utilizas el primer método de coger tres runas y lanzarlas en tu círculo, el de lanzar seis o nueve runas sigue el mismo método y principios que para tres.

A veces, cuando lanzas tres runas, la respuesta no está clara. En este caso deja tus runas originales ahí donde cayeron, dentro o fuera del círculo y lanza otras tres runas de la bolsa, viendo cómo caen en relación con las tres primeras.

Añade un tercer grupo de tres si necesitas más claridad o si la pregunta es compleja. Con seis o nueve runas, la forma en que las runas caen y se agrupan tendrá aún más importancia, y busca una runa que cubra o domine a otra lanzada anteriormente.

Una tirada de seis

Alan está muy unido a su hermana menor, Joyce, que está infelizmente casada. A menudo presenta moratones inexplicables y admite que su marido, Carl, la maltrata cuando se emborracha, lo que ocurre con frecuencia. Carl se ha negado a buscar ayuda y culpa a Joyce de sus arrebatos. Alan le ha rogado a Joyce que deje a Carl. Joyce dice que es su problema y le ha prohibido a Alan que interfiera. Recientemente, Joyce y Alan han discutido mucho, y Joyce ha amenazado con no volver a ver a Alan a menos que deje de presionarla. Pero, ¿cómo puede él mantenerse al margen mientras su hermana sufre?

Conocí a Alan en una firma de libros y, como siempre, el tiempo pasó volando mientras utilizábamos las runas para resolver un dilema aparentemente imposible. Lanzó las runas que se enumeran a continuación. Las tres primeras salieron del círculo y sentí que eran runas que la hermana de Alan tendría que introducir en su vida antes de poder avanzar de verdad.

RUNA 1: Jera, la runa de las estaciones y de la cosecha, está con el blanco arriba, lanzada fuera del círculo, en la zona a menudo llamada Hielo, que es el quinto elemento nórdico, donde los asuntos se congelan en la inacción. Una runa en blanco en esta zona es especialmente significativa de un gran bloqueo.

RUNA 2: Eihwaz, el tejo de los finales, está con el blanco arriba y también fuera de la tela, en la zona de Hielo.

RUNA3: Ingwaz, la runa de la retirada, está con el blanco arriba y en Hielo.

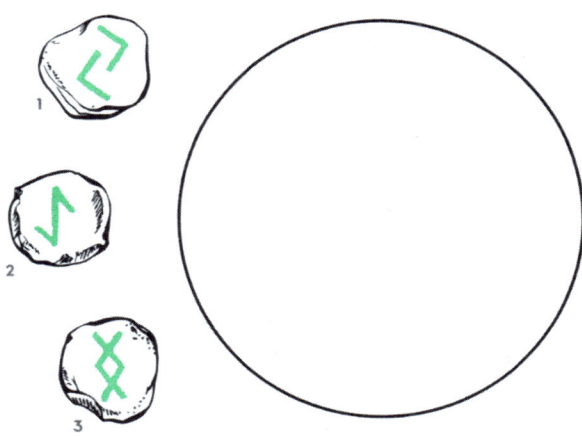

La primera runa, Jera, la cosecha, habla del paso de una etapa de la vida a otra. Por difícil que sea, Alan tiene que aceptar que su hermana es adulta y que a veces hay que apartarse y dejar que los demás vivan a su manera y cometan sus propios errores. Ahora solo puede protegerla si ella se lo permite. Pero es vital que le diga que puede acudir a él de día o de noche, ya que es el único miembro de la familia en quien confía.

La segunda runa, Eihwaz, el tejo, indica que Alan está perdiendo el tiempo al intentar persuadir a su hermana de que tome una decisión que no quiere tomar y que, de hecho, al presionarla, puede hacer que le resulte más difícil tomar la decisión que solo ella puede tomar. Es evidente que la relación de su hermana ha llegado a su fin pero, hasta que ella no lo acepte, Alan solo está causando más tensión al intentar convencerla de que deje a su marido.

También Ingwaz, la runa de la retirada creativa, dice que Alan tiene que mantenerse al margen hasta que su hermana esté dispuesta a aceptar su ayuda. Mientras tanto, puede buscar asesoramiento jurídico, organizar un taxi 24 horas al día, 7 días a la semana, pagado por adelantado, para ir a buscarla, y tal vez ayudarla a determinar dónde podría alojarse si se marcha, ya que dice que no se iría a vivir con Alan.

Las tres runas siguientes se sitúan en el interior del círculo, más o menos a la mitad, por lo que subrayan que es un momento para la paciencia y la preparación más que para la acción.

RUNA 4: Berkano, la runa de las relaciones y los nuevos comienzos.

RUNA 5: Dagaz, el amanecer del día, la luz al final del túnel.

RUNA 6: Ansuz, la runa de la comunicación.

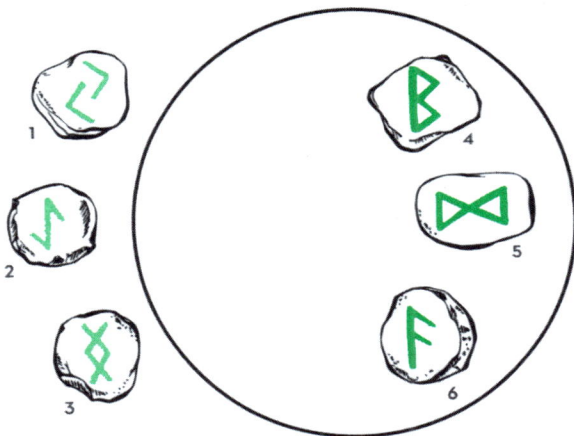

Berkano habla de las dificultades de la relación y sugiere que, hasta que su hermana se decida a hacer su elección, lo único que Alan puede hacer es ofrecerle amor y apoyo, en lugar de actuar como el duro hermano mayor. Pero, en su papel de la runa de la regeneración, también promete renovación en su vida.

Dagaz, la alborada, promete que, si Alan es paciente con su hermana y la apoya en sus condiciones, entonces ella se dará cuenta de que hay una alternativa a la vida con un matón. Pero, al enfadarse con ella, Alan empeora la situación. Porque Joyce aún no se ha dado cuenta de que tiene derecho a abandonar a su marido maltratador y de que la situación no es culpa suya. Puede que las cosas tengan que empeorar antes de mejorar.

Ansuz es la runa clave. Joyce necesita hablar, pero Alan está demasiado involucrado emocionalmente como para ayudarla en este momento. Con tacto, podría intentar orientarla hacia consejeros profesionales que podrían ayudarla a ver que ella no tiene la culpa y que hay una vida alternativa. Y el simple hecho de ofrecerle tranquilidad y escucharla podría darle a Joyce la confianza que necesita para resolver la situación.

UNA FÓRMULA SIMPLE CON LAS RUNAS

Aunque lanzar las runas en un círculo es algo muy eficaz, a veces puedes escoger runas de tu bolsa de runas y disponerlas como si fueran cartas del tarot. Esto puede ser útil si estás en un espacio reducido o necesitas leer las runas con prisas.

LA TIRADA DE LAS PARCAS

A veces, podemos tener la sensación de que ya hemos estado en una situación antes y juramos no volver a cometer los mismos errores. Otra posibilidad es que te sientas presionado a vivir de una manera que no es la adecuada para ti. Esta tirada es especialmente buena para romper esquemas.

Se creía que las tres Norns, o diosas nórdicas del destino, custodiaban el Pozo de Wyrd, o Destino, a los pies de la primera raíz de Yggdrasil, el Árbol del Mundo, y que determinaban cómo nuestro futuro puede verse influido por patrones pasados. La runa del futuro te sugerirá formas de cambiar un patrón recurrente y tal vez infructuoso, si así lo deseas, o de tomar conciencia de por qué estás actuando de esa manera y luego llevar a cabo una elección basada en la conciencia consciente.

Haz una pregunta sobre algún tema, uno que se haya repetido en tu vida antes o en el que sientas que estás siendo presionado por otros, que puede ser a su vez un patrón recurrente en tu vida. Saca tres runas de tu bolsa, una tras otra, y colócalas en línea vertical como en la página 90. Agita cada runa entre tus manos cerradas, nueve veces, y luego colócala en el suelo para ver si el símbolo o el espacio en blanco están hacia arriba. Coloca la primera runa seleccionada más cerca de ti y las otras cada vez a más distancia.

RUNA 3: Futuro

RUNA 2: Presente

RUNA 1: Pasado

La tirada de las Parcas en acción

Joe, de veinticinco años, ha conocido a una nueva mujer en unas vacaciones en el extranjero y se ha enamorado perdidamente. Alyssa, diez años mayor que él, vive en Grecia y tiene dos hijos pequeños. Joe quiere dejar su carrera de contable junior en Chicago para trabajar en la finca de olivos del padre de Alyssa, pero tiene problemas con el ex marido de Alyssa, que no reconoce su separación.

Joe elige primero Gebo, la runa de las relaciones amorosas, con el símbolo hacia arriba, pero, cosa significativa, se sitúa en el pasado. Joe dijo que había tenido una serie de relaciones serias, normalmente con mujeres mayores, pero que siempre había complicaciones y, al final, las mujeres volvían con sus ex parejas.

En el espacio del presente, elige a la oculta Tiwaz, la guerrera Estrella y Espíritu, que habla del sacrificio, pero también de la necesidad de seguir nuestros propios sueños. Joe sigue la pauta de rescatar a la damisela en apuros, arreglar su vida y todo para luego, tal vez, verse abandonado. Sin embargo, siente que, sea cual sea el riesgo, está dispuesto a dejarlo todo para perseguir a su nuevo amor. Pero el lado en blanco se pregunta, ¿es este un sacrificio que merezca la pena y cuáles son sus sueños enterrados? Le pregunté a Joe cuál era su verdadero sueño. El sueño de Joe es ser pintor y le encantaría ir a la escuela de arte, pero sus padres le habían presionado para que siguiera lo que ellos consideraban una carrera segura.

En la posición del futuro, Joe elige a Kenaz, la antorcha, la luz y la llama interiores, con el símbolo hacia arriba. Su voz interior le dice que debería analizar la situación y el patrón de su vida antes de lanzarse al cien por cien. Joe dice que ha ido de una relación desastrosa a otra. Así que tal vez debería volver a Grecia durante un mes (tiene días de vacaciones) y trabajar en la granja de olivos para ver si esto era realmente amor o si se trata solo de una escapada romántica de la realidad por parte de Alyssa y él mismo. Mientras tanto, tal vez debería pensar en la escuela de arte (Tiwaz oculto), ya que la contabilidad no le estaba haciendo feliz, y esto podría estar detrás de su deseo de romance dramático (Gebo).

Así que Joe volvió a Grecia y descubrió que trabajar en la finca de olivos era un trabajo duro y le aburría. Mientras tanto, Alyssa revoloteaba entre su marido y Joe. Joe decidió romper el patrón y se ha matriculado en la escuela de arte y sale con una chica de su edad, sin cargas emocionales y que estudia historia del arte.

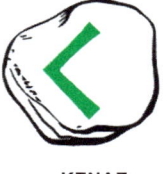
KENAZ

TIWAZ

GEBO

UNA TIRADA DE ALTERNATIVAS

A veces, cuando dos alternativas en nuestra vida parecen igualmente posibles, puede ser útil examinar cada opción con más detalle. En este método la primera runa de la parte superior plantea la pregunta y, a continuación, las dos ramas presentan dos factores subyacentes, posibles resultados a corto y largo plazo, uno para cada opción.

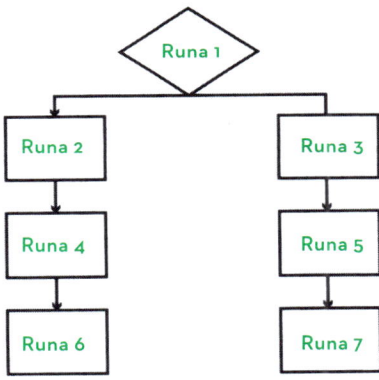

Aquí, la runa 1 representa la decisión que hay que tomar. Las columnas izquierda y derecha representan las opciones. Las runas 2 y 3 representan los factores ocultos. Las runas 4 y 5 representan las ganancias a corto plazo y las Runas 6 y 7 representan las ganancias a largo plazo.

Puedes decidir leer verticalmente la opción 1 seguida de la opción 2, o considerar las dos opciones juntas, y leer horizontalmente. Yo utilizo el método vertical. Coge cada runa por separado de la bolsa, dale nueve vueltas entre tus manos cerradas y colócala en la disposición para ver si es el lado en blanco o el de los símbolos el que está hacia arriba. La excepción es la runa 1, que siempre se coloca con el símbolo hacia arriba, pero incorpora el significado de ambas caras.

La tirada de alternativas en acción

Anna, que tiene unos setenta años y es música jubilada, tiene dificultades para mantener su gran casa desde que la operaron del corazón, aunque está totalmente recuperada. Su hija Juliana, casada, quiere que Anna se traslade a otra parte del país para vivir con ella en su casa y hacer de canguro de sus tres hijos, ya que Juliana tiene un trabajo muy exigente, y ella y su marido viajan mucho. Pero Juliana ha dejado claro que su madre no puede traer su piano, ya que no habrá sitio. Tiene sentido desde el punto de vista económico, pero Anna siente que perderá su identidad y su querida música, ya que sigue organizando frecuentes veladas musicales solo por diversión y Juliana le ha dejado claro que eso es inviable.

En su lectura, Anna elige:

RUNA 1: El verdadero problema, Fehu, la runa prosperidad/precio

RUNA 2: El factor oculto para la opción 1, Isa, la runa de Hielo.

RUNA 3: El factor oculto para la opción 2, Jera, la cosecha.

RUNA 4: Resultados a corto plazo para la opción 1, Naudhiz, la runa de las necesidades.

RUNA 5: Resultados a corto plazo para la opción 2, Uruz, la runa obstáculo.

RUNA 6: Resultados a largo plazo para la opción 1, Laguz, runa de las emociones.

RUNA 7: Resultados a largo plazo para la opción 2, Mannaz, la runa de la fuerza.

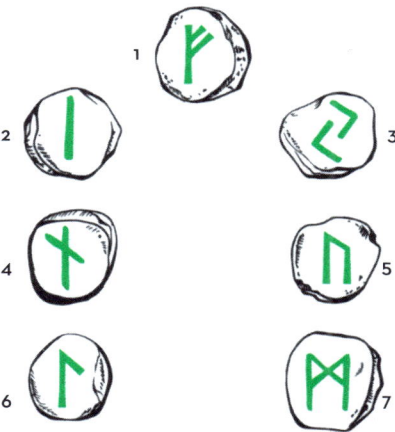

La cuestión estaba muy clara. ¿Merecía la pena pagar el precio que Anna tendría que pagar por la seguridad y la ausencia de preocupaciones económicas?

La opción 1, que Anna ve como la de vivir con su hija, indica que el factor oculto es Isa, o Hielo. Anna dice que siente que quedaría congelada en una dependencia infantil respecto a su hija, muy mandona, lo que le molestaría.

El resultado a corto plazo sería que su necesidad inmediata de seguridad financiera, Naudhiz, se vería satisfecha. Pero recuerda que esta es la runa de la satisfacción de nuestras propias necesidades, por lo que se siente incómoda aquí.

Aunque Anna adora a sus nietos, son muy bulliciosos y exigentes, y el traslado, simbolizado por Laguz, las aguas, la haría infeliz a largo plazo. Perdería a sus amigos y sus veladas musicales y se convertiría en un mero apéndice de la vida de Juliana.

La opción 2, Jera, ofrecía la cosecha como factor oculto para mantener su independencia. Anna no entendía cuál podía ser la cosecha potencial, desde el punto de vista económico. Le pregunté si tenía posibilidades de ganar dinero si se quedaba en su casa, aunque había renunciado a viajar dando conciertos, cosa que había hecho durante años, porque los viaje se le habían hecho demasiado pesados. Anna dijo que, de hecho, a menudo le habían pedido que diera clases particulares de música y que organizara un coro y un grupo musical locales, pero que había dudado, porque Juliana a menudo le señalaba que los días de música profesional de Anna habían terminado y que debía dedicarse a la jubilación. La escuela de música local también había pedido a Anna que acogiera a estudiantes como invitados de pago. Pero su hija le había dicho que vivir en su casa sería demasiado molesto.

El resultado a corto plazo en la opción 2, Uruz, superando obstáculos, fue simbólico. El hecho de que Anna tuviera que compartir su casa a corto plazo no supuso un gran problema, ya que la planta superior de la casa era independiente y podía colocar allí a los alumnos. Anna afirmó que el hecho de que practicaran música no le molestaría en absoluto, ya que la casa era muy tranquila, y sin duda resolvería sus problemas económicos.

En cuanto a la organización del coro, a Anna le habían ofrecido llevarla y traerla al lugar donde se celebraba, y los conciertos se daban sobre todo a nivel local, y de nuevo le pagarían bien y disfrutaría de alguna que otra competición en otras partes del país. Además, podía dar clases particulares cuando le conviniera.

La última runa, el resultado a largo plazo de la opción 2, Mannaz, la runa de sus propias fuerzas, mostró a Anna que podría mantener su independencia, ya que su salud es ahora buena y, además, aceptando las oportunidades que antes había descartado por impracticables, mejoraría enormemente su situación económica, al tiempo que su casa volvería a cobrar vida con su música.

En el próximo capítulo trabajaremos con tiradas de runas más complejas.

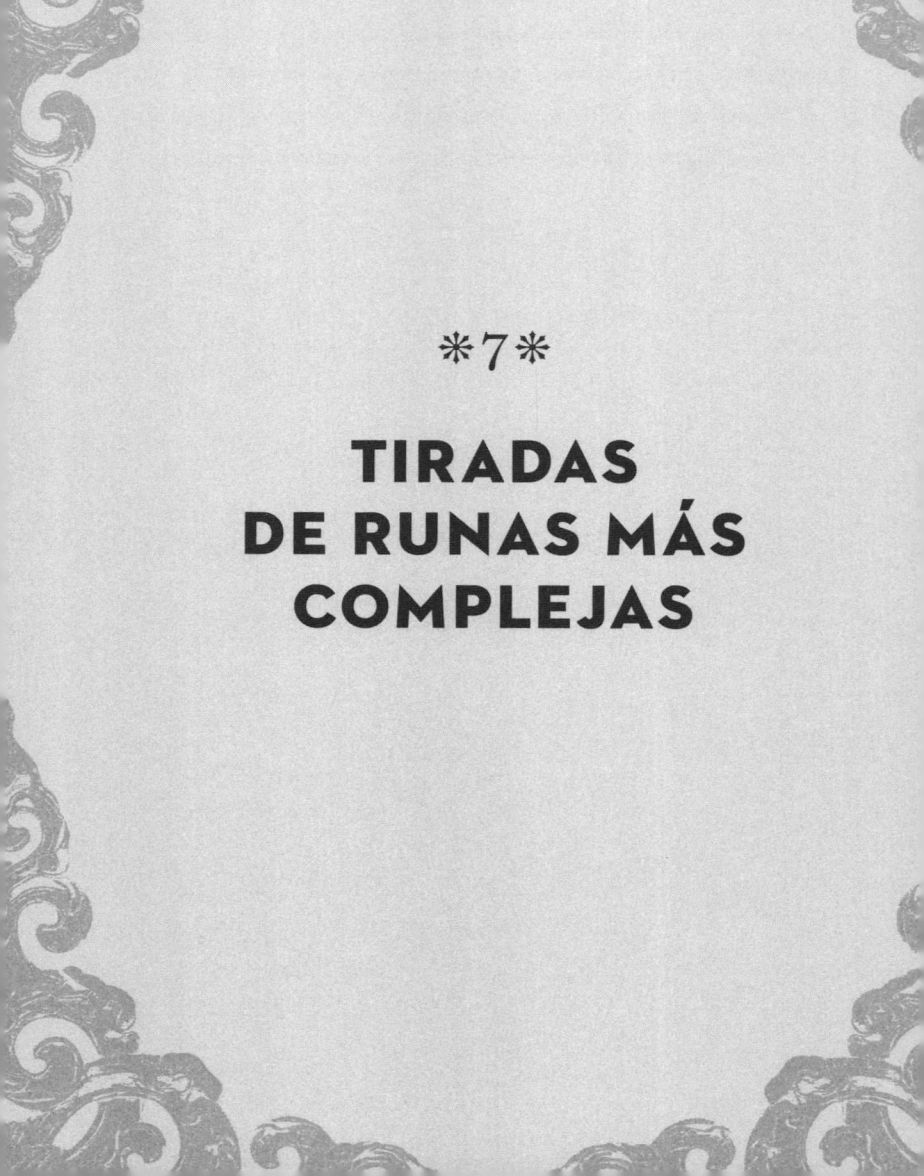

✳7✳

TIRADAS DE RUNAS MÁS COMPLEJAS

EN ESTE CAPÍTULO LAS TIRADAS DE RUNAS VAN A aumentar en complejidad, pero, a medida que vayamos trabajando paso a paso, el proceso se volverá notablemente sencillo.

LA TIRADA DE RAIDHO

Raidho es la runa del movimiento. La siguiente disposición de runas es excelente cuando contemplas dar un cambio y buscas la mejor ruta o método para alcanzar tus objetivos.

Lectura de la tirada de Raidho

En primer lugar, escribe una pregunta, que puede ser de pocas palabras o de varias frases. Hazlo de manera espontánea. A continuación, elige cuatro runas de la bolsa, de una en una y, sin mirarlas, coloca una en cada una de las cuatro posiciones que indico a continuación. Al principio puede parecer un orden extraño, pero en realidad tendrá sentido una vez que hayas utilizado la disposición de las runas.

Posiciones de las runas

RUNA 2: Objetivo.

RUNA 4: Cualquier obstáculo.

RUNA 3: Tus puntos fuertes.

RUNA 1: Su situación en el presente.

Coloca todas las runas verticalmente en el orden indicado anteriormente -2, 4, 3 y 1- y léelas desde la más cercana a la más alejada de ti, terminando con la runa 2.

La runa 1, junto con la primera información que anotaste, refleja tu situación actual. Coloca esta runa frente a ti, lo más cerca de ti en la parte inferior de una escalera vertical de runas.

La runa 2, que aparecerá en la parte superior de la escalera rúnica vertical, con espacios intermedios para las runas 3 y 4, es tu objetivo final. La runa 2 debe estar lo más lejos posible de ti.

La runa 3 representa tus puntos fuertes, activos o personas útiles que te ayudarán a cumplir el objetivo. Se coloca directamente encima de la runa 1.

La runa 4, que se encuentra justo encima de la runa 3 y debajo de la runa 2, representa los obstáculos, las personas o los miedos que se interponen en tu camino.

La tirada Raidho en acción

Paula, madre soltera, quiere llevarse a sus hijos de viaje por Europa durante un mes, pero le preocupa la situación económica, ya que tiene que pedir un permiso no retribuido, porque ha utilizado sus días de vacaciones para mudarse a una nueva casa. Es periodista y trabaja para una revista femenina, organizando sesiones de moda y a veces ayudando al fotógrafo a preparar las imágenes, pero quiere convertirse en escritora de viajes. Quiere encontrar la manera de financiar el viaje y, al mismo tiempo, cambiar su estilo de vida para poder trabajar desde casa, ya que paga una fortuna por la guardería. Veamos qué elige Paula…

LA RUNA 2 es el objetivo final de Paula: Othala, la granja; utilizar habilidades prácticas de forma innovadora para financiar el viaje a corto plazo; lograr el cambio de carrera para poder trabajar desde casa.

LA RUNA 4 son los obstáculos que se le presentan a Paula: Laguz, agua o mar; los riesgos que conlleva tanto viajar con un presupuesto muy ajustado como seguir una nueva carrera vinculada a los viajes; un mercado laboral saturado; hijos que mantener.

LA RUNA 3 es el punto fuerte de Paula: Sowilo, el sol; utilizar sus talentos para conseguir los medios para viajar y para, en última instancia, su futura carrera.

LA RUNA 1 es la situación actual de Paula: Berkano, el abedul; teniendo recursos dentro de ella que son necesarios para su futuro; siendo una runa de Diosa Madre, esta runa incluye a sus hijos como clave para ese futuro.

La interpretación

Paula atendió a la **LA RUNA 1**, Berkano, y decidió que la clave para financiar el viaje y su futura carrera pasaba por los niños y viajar con ellos. Escribir sobre la experiencia podría ser también el medio para su futura fortuna, así como para su actual necesidad a corto plazo de fondos para su viaje de un mes por Europa. ¿Pero cómo?

LA RUNA 3 señalaba sus puntos fuertes a la hora utilizar los recursos que tenía, representados por Sowilo, el sol. Su actual empresa buscaba nuevas ideas y ella podía ofrecer un artículo sobre los viajes como madre soltera. De hecho, tras la lectura, le encargaron cuatro artículos, uno para cada semana en una ciudad diferente. El director de la revista le ofreció un modesto presupuesto de gastos. Así se resolvieron los problemas financieros a corto plazo.

LA RUNA 4 o Laguz, la runa del agua, le dio una pista para superar sus futuros obstáculos a largo plazo. Escribir por cuenta propia era un riesgo a largo plazo, así que tendría que añadir otra habilidad. Paula se dio cuenta de que podía organizar sesiones fotográficas como autónoma para posibles modelos infantiles, ya que se le daban muy bien los niños y el negocio le permitiría trabajar desde casa y ahorrarse el cuidado de los niños. Pero, ¿cuál era el ingrediente que le faltaba para tener un futuro a largo plazo trabajando desde casa y viajando más?

Por último, **LA RUNA 2**, Othala representaba el objetivo final de trabajar desde casa y a veces en el extranjero como autónoma. La idea surgió con rapidez. ¿Por qué no escribir una serie de pequeños libros sobre viajes con niños, siendo madre soltera, una especie de *Lonely Planet* diferente? Paula tenía una amiga que trabajaba para una pequeña pero exitosa editorial. Arregló el trato en los meses posteriores a la lectura y se ha ido al extranjero con los niños, para investigar su primera serie de encargos con su anticipo.

LA TIRADA YGGDRASIL

Esta es una alternativa al lanzamiento de nueve runas. Selecciona nueve runas, de una en una, de la bolsa y colócalas en los tres niveles de Yggdrasil, de derecha a izquierda. Esta tirada es buena para resolver una relación más compleja o un problema de la vida. Coloca el lado del símbolo hacia arriba, ya que se tienen en cuenta los dos aspectos de cada runa.

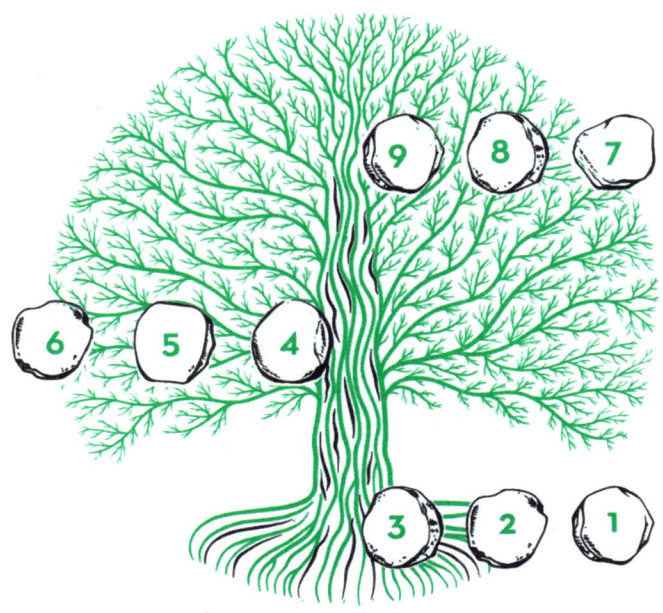

La cima del Árbol es Asgard, el hogar de los Aesir (las deidades principales), liderados por Odín y su consorte, Frigg. En este nivel también se encuentran Vanaheim, el reino de los dioses del viento, la fertilidad y el mar, y Alfheim, el hogar de los elfos de la luz.

En el nivel intermedio se encuentra Midgard, la tierra de los humanos. Comparten este nivel con Jotunheim, la tierra de los Gigantes de Hielo, y Nidavellir, el reino de los enanos que guardan su tesoro y fabrican artefactos para las deidades.

El reino inferior se divide entre Niflheim y Hel, reinos de los muertos, y Svartalfheim, hogar de los elfos oscuros.

Dibuja un Árbol del Mundo y etiqueta los reinos principales en cada nivel, tal como se muestra en la página 101.

Lectura de la tirada de Yggdrasil

Decide tu pregunta, o dos preguntas relacionadas. Coge nueve runas sin mirarlas, una tras otra, de la bolsa, y colócalas en las nueve posiciones indicadas en la página 101, de abajo arriba, de derecha a izquierda. Lee las nueve runas en grupos de tres para obtener el camino general.

LAS RAÍCES DEL ÁRBOL, NIFLHEIM

Las runas que se lanzan aquí nos hablan de los factores que han llevado a la posición actual, las razones para un posible cambio y los obstáculos en el camino del cambio.

LA RUNA 1: Motivos para el cambio.

LA RUNA 2: Obstáculos a superar.

LA RUNA 3: Lo que ha venido antes.

EL TRONCO DEL ÁRBOL, MIDGARD

Las runas que se lanzan aquí indican qué acciones se pueden emprender para mitigar o mejorar las circunstancias.

LA RUNA 4: Esperanzas por realizar.

LA RUNA 5: Miedos a superar.

LA RUNA 6: Acción sugerida.

LA COPA DEL ÁRBOL, ASGARD

Las runas que se lanzan aquí predicen los resultados que podrían derivarse de seguir las oportunidades previstas.

LA RUNA 7: Qué se puede ganar.

LA RUNA 8: Lo que se puede perder.

LA RUNA 9: Llegar a la meta.

La tirada Yggdrasil en acción

Naomi tiene cuarenta y pocos años. Lleva muchos años sufriendo una enfermedad inhabilitante, pero desea desesperadamente quedarse en su propia casa. Ahora va en silla de ruedas y su asistente social le ha sugerido que estaría mejor en una residencia, donde tendría su propio apartamento.

Cuando visitó la zona, Naomi comprobó que los demás residentes eran personas mayores y que los apartamentos estaban muy lejos del centro de la ciudad. Las subvenciones son demasiado limitadas como para adaptar su casa, pero Naomi siente que no quiere estar apartada de la vida.

La interpretación

Naomi lanza las siguientes runas. Interpretemos sus resultados.

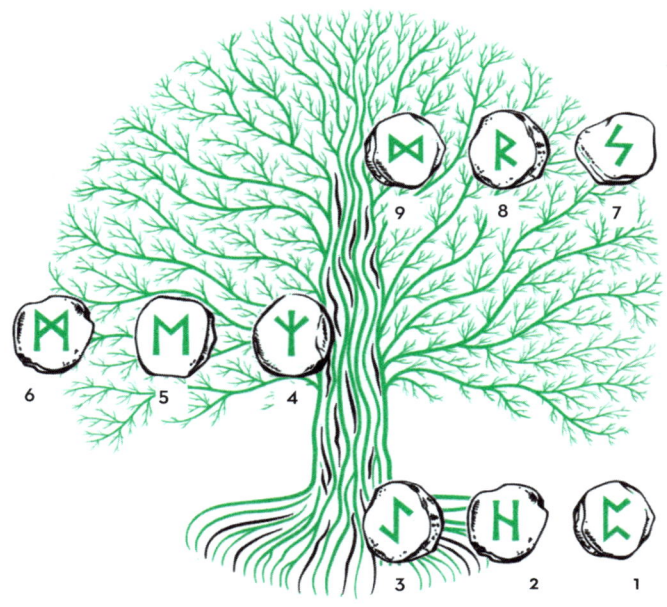

LAS RAÍCES DEL ÁRBOL, NIFLHEIM

LAS RUNAS 1-3 representan el pasado. Examinan la historia de Noemí y lo que es responsable de su situación actual. Noemí echa:

RUNA 1: Perthro, runa de la suerte.

RUNA 2: Hagalaz, runa del granizo.

RUNA 3: Eihwaz, runa del tejo.

LA RUNA 1 es Perthro, las razones del cambio y la runa de la persona esencial. Naomi siente que su enfermedad le está haciendo perder su identidad como mujer fuerte e independiente, y entiende que necesita ayuda práctica para conservar cierta calidad de vida.

LA RUNA 2, Hagalaz, indica la dureza y el trastorno de su vida causados por la posible mudanza, por ser relegada a lo que Naomi ve como una posición que es un atraso y por su posible aceptación del alojamiento protegido, que considera un obstáculo para el progreso.

LA RUNA 3, lo que ha precedido, es Eihwaz, el tejo. Representa el cierre de una puerta a su movilidad física independiente. Pero, utilizando los recursos de que dispone (el arco hecho con el tejo para labrarse un buen futuro dentro de las limitaciones), Naomi puede avanzar de otra manera hacia una seguridad más permanente.

EL TRONCO DEL ÁRBOL, MIDGARD

LAS RUNAS 4-6 representan la acción en el mundo real. Examinan la posición actual de Naomi y qué acciones son posibles para mitigar sus discapacidades físicas. Naomi hace un reparto:

RUNA 4: Elhaz, runa de la ortiga.

RUNA 5: Ehwaz, runa del caballo.

RUNA 6: Mannaz, runa de fortalezas y debilidades.

LA RUNA 4, Elhaz, simboliza sus esperanzas que pueden hacerse realidad. Elhaz agarra la ortiga de los asuntos que ha evitado. Recuerda que esas ortigas, una vez recolectadas, son útiles. Las cuestiones de su independencia deben abordarse con realismo por parte de los responsables de su cuidado. Esta es la clave de toda la lectura.

RUNA 5, Ehwaz, la runa del caballo y la armonía, representa la necesidad de Naomi de aceptar algún tipo de ayuda, pero la ayuda adecuada. Aquí es donde tiene que hablar de sus miedos con un profesional comprensivo y no necesariamente con su asistente social, que parece ansioso por desviar a Naomi hacia la opción más fácil. Puede que Naomi tenga que averiguar exactamente a qué tiene derecho e insistir en que le concedan las subvenciones necesarias para reconvertir su vivienda.

RUNA 6, Mannaz, en posición de acción potencial, representa los puntos fuertes y débiles de Naomi. De hecho, Naomi es licenciada en matemáticas y una organización educativa local le regaló un ordenador que nunca llegó a utilizar. La universidad local, que dispone de excelentes instalaciones para alumnos discapacitados, imparte cursos de informática y de enseñanza para adultos. Así, podría trabajar desde casa o enseñar a adultos con discapacidades que son su pasión, si recibiera alguna formación adicional.

LA COPA DEL ÁRBOL, ASGARD

LAS RUNAS 7-9 muestran el mundo tal y como podría llegar a ser si Noemí pone en práctica sus planes. Noemí elige:

RUNA 7: Sowilo, runa del potencial.

RUNA 8: Raidho, runa del cambio.

RUNA 9: Dagaz, runa del amanecer.

RUNA 7, Sowilo, la runa solar del potencial sin explotar de Naomi, dice lo que se puede ganar solicitando ese curso de informática y promete que Naomi puede hacerse un hueco en el mundo que merezca la pena.

RUNA 8, Raidho, la runa del cambio positivo y del esfuerzo del progreso ante las dificultades, habla de lo que se perderá. Y Naomi sabe que la facilidad y la seguridad son un alto precio por la lucha de la independencia.

RUNA 9, Dagaz, la runa de la iluminación, alcanzar la meta, dice que por su propio coraje, determinación y esfuerzos para permanecer en su actual hogar Naomi puede ganar a través de una mejor forma de vida.

LA REJILLA SAGRADA DE LA TIRADA DEL NUEVE

El nueve es un número mágico especialmente sagrado para los nórdicos, debido a los nueve mundos del Árbol de Yggdrasil. La cuadrícula sagrada representaba una protección completa y los vikingos la utilizaban mágicamente como zona de poder.

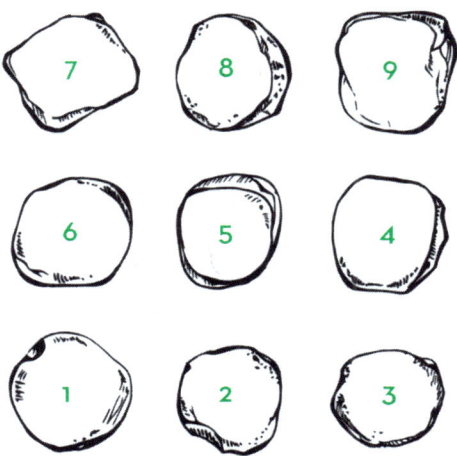

Elige runas de la bolsa de una en una y asigna cada una a la posición de runa numerada correspondiente, trabajando del 1 al 9, tal como se muestra en la página 107.

Lectura de la rejilla sagrada de la tirada del nueve

Cada fila horizontal está asignada a una de las Norns, o tres hermanas del Destino, que tradicionalmente arrojaban pentáculos rúnicos al Pozo del Destino, a los pies del Árbol del Mundo.

LAS RUNAS 1-3 corresponden a Urdhr, la hermana Norn que se ocupa de los acontecimientos y los pueblos del pasado, o de qué y quiénes han contribuido a la situación actual, tanto de forma útil como nociva. **LAS RUNAS 4-6** corresponden a Verdandi, la hermana Norn que se ocupa del presente y de qué o quién mantiene la situación actual, tanto de forma útil como nociva, incluso a través del miedo. **LAS RUNAS 7-9** corresponden a Skuld, la hermana Norn preocupada por el futuro y lo que sucederá. El conocimiento de Skuld sobre el futuro y el destino cambia constantemente, ya que tiene en cuenta la intrincada red de acciones, acontecimientos y decisiones pasados y presentes.

La rejilla sagrada de la tirada del nueve en acción

En esta lectura utilizaremos el concepto de pasado, presente y futuro. Nathan es un sanador de unos sesenta años que organiza un grupo de sanación desde que se jubiló. Sin embargo, últimamente el grupo ha cambiado radicalmente, con gente más joven y métodos muy diferentes que pasan a primer plano. Nathan se siente cada vez más aislado y se da cuenta de que su trabajo de sanación se ve afectado por el resentimiento que siente.

La interpretación

Nathan lanza la siguiente tirada.

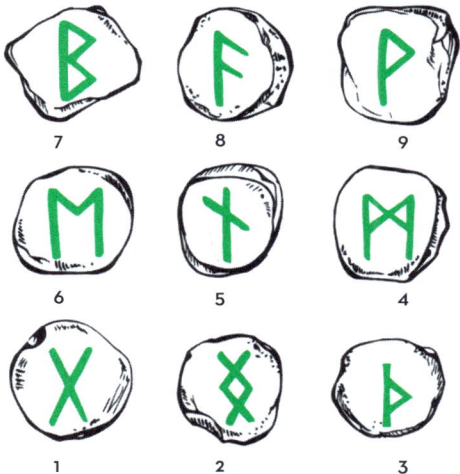

URDHR, LA HERMANA DEL PASADO

RUNA 1, Gebo, la runa de la donación y de las asociaciones de todo tipo, le parecía a Nathan que representaba su mundo de sanación y las antiguas relaciones armoniosas dentro del grupo de sanación. Sentía que esta relación ya no era posible con los nuevos miembros del grupo.

LA RUNA 2, Ingwaz, la runa de la retirada, representaba lo que, según Nathan, comenzó cuando él perdió el entusiasmo tras la muerte, tres años antes, de su esposa, una curandera que había sido uno de los pilares del grupo. Tras su muerte, se produjo un éxodo de los miembros más antiguos.

LA RUNA 3, Thurisaz, la runa de la espina y la protección, dijo Nathan, describía cómo se había sentido, espinoso, cuando se unieron al grupo personas más jóvenes que no habían conocido a su mujer y empezaron a cambiar la naturaleza del grupo, lo que le hizo sentirse peor. Pero, sobre todo, su propia vulnerabilidad al ser viudo le había hecho impacientarse con los recién llegados y el cambio.

VERDANDI, LA HERMANA PRESENTE

LA RUNA 4, Mannaz, la runa de la aceptación de los puntos fuertes y débiles de uno mismo y de los demás, le pareció muy significativa a Nathan, porque le preocupaba que ya no fuera capaz de curar como antes. Nathan dijo que, como todo el mundo parecía tan seguro de sí mismo, se había resistido a admitir que necesitaba ayuda con los clientes difíciles.

RUNA 5, Naudhiz, la runa de la necesidad y de la necesidad de responder a las propias necesidades, sugirió a Nathan que tal vez debía aceptar el hecho de que tal vez había llegado el momento de dar un paso atrás y aceptar que el grupo de sanación ya no era el mejor foco para sus dones.

LA RUNA 6, Elhaz, la runa de cosechar la ortiga y del potencial espiritual, reflejaba los temores de Nathan de que, si admitía que quería abandonar el grupo, estaría negando su propia naturaleza espiritual. Pero el grupo de sanación, por los resentimientos que evocaba en Nathan, estaba en realidad bloqueando sus dones.

SKULD, LA HERMANA DEL FUTURO

LA RUNA 7, Berkano, la runa de la regeneración y la nutrición, decía que Nathan no debía abandonar su trabajo de sanación, sino llevarlo a cabo de otra manera. Recientemente, Nathan se había planteado la posibilidad de trabajar solo, tal vez desde su casa, para poder hablar largo y tendido con las personas que necesitaban curación, lo que resultaba difícil ahora que el grupo tenía un sistema de citas.

LA RUNA 8, Ansuz, es la runa de la comunicación y la inspiración, y Nathan dijo que una Organización Espiritista Nacional le había pedido varias veces que escribiera un relato sobre el desarrollo de la curación dentro del movimiento espiritista. Siempre se había negado porque estaba demasiado ocupado organizando el grupo.

LA RUNA 9, Wunjo, es la runa de la alegría personal y el éxito. ¿Qué haría feliz a Nathan? Nathan quería visitar a su hijo en Australia, pero se había resistido a hacerlo porque se había sentido obligado a quedarse por el grupo. Era una limitación que se había impuesto a sí mismo, porque temía que se las arreglaran demasiado bien sin él (tenía que considerarse necesario). Ahora que era libre, decidió marcharse antes de volver para embarcarse en su nuevo comienzo.

En el próximo capítulo trabajaremos en el uso de las runas para la magia y la curación.

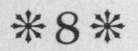

MAGIA RÚNICA Y CREACIÓN DE OBJETOS RÚNICOS

LAS RUNAS, AL IGUAL QUE LOS JEROGLÍFICOS DEL Antiguo Egipto, son mucho más que símbolos. Cada runa contiene en su interior el poder del significado que se libera en tu vida o se envía a aquellos que necesitan fuerza o curación, al escribir o grabar el símbolo y potenciarlo mágicamente.

MAGIA RÚNICA CON VELAS

Una de las formas más sencillas y a la vez más poderosas de liberar las energías rúnicas en tu vida, o en las vidas de aquellos que las necesitan, es grabando una runa apropiada en el lateral de una vela roja apagada (el color principal utilizado en la magia rúnica) con un abrecartas fino o un destornillador, del tipo que se utiliza para los enchufes eléctricos. El cuerpo de la vela representa la tierra, el humo representa el aire, la llama representa el fuego y la cera que fluye representa el agua.

Alternativamente, traza el símbolo con la uña del dedo índice en la mano con la que escribes, tan ligeramente como para que resulte invisible, para imprimir en la vela el poder rúnico elegido y tu esencia personal. La ventaja de este segundo método es que puedes quemar la vela en cualquier lugar y el significado permanece secreto.

Por ejemplo, si vas a recibir a familiares problemáticos en una comida, puedes grabar el símbolo de protección Thurisaz de forma invisible en las velas de la cena, o Gebo, la runa del amor, para una cita especial.

Consulta los significados de las distintas runas en los capítulos anteriores para elegir la mejor para cada propósito. Por ejemplo, utiliza Isa, la runa del Hielo, si quieres reconciliar a la familia o arreglar una disputa. Para un asunto complejo, puedes trazar diferentes runas en la vela, ya sea verticalmente o alrededor de los lados, o utilizar una runa combinada o ligada, como describo más adelante en este capítulo.

Mientras enciendes la vela, pide en silencio aquello que deseas, y piensa a quién se está enviando el poder, y que tu ritual será para el bien más elevado y la intención más pura.

Luego, cuando la vela se enciende y arde, el poder de la runa se amplifica con la energía creativa de la llama y se libera donde y como sea necesario.

Para obtener un poder aún mayor, enciende una varilla de incienso con fragancia de árbol, como pino o cedro, a partir de la vela grabada con runas y, sosteniendo la varilla de incienso como si fuera un bolígrafo de humo en la mano con la que escribes, dibuja en el aire nueve veces sobre la vela la forma rúnica que grabaste en ella.

Deja que la vela y el incienso se consuman en su soporte.

POTENCIAR UN AMULETO, AMULETO O TALISMÁN RÚNICO

Un amuleto es algo protector, un talismán se crea con un fin concreto y para un periodo de tiempo determinado, y un amuleto tiene un fin permanente, como el amor o la curación.

Puedes crear un amuleto, talismán o amuleto rúnico en una piedra plana utilizando un rotulador permanente de tinta roja o pintura roja, y un pincel fino y firme.

Si quieres dotar de poder rúnico a una joya, un cristal especial o un objeto que vayas a utilizar en la vida cotidiana, traza de forma imaginaria el símbolo rúnico con el dedo índice de la mano con la que escribes, sobre la superficie del cristal. Otra posibilidad es derretir una vela de cera de abeja, grabar el símbolo en la cera que se enfría y recortar un círculo a su alrededor.

La arcilla autoendurecible también es excelente para fabricar amuletos rúnicos.

Para potenciar tu símbolo rúnico

Coloca tus runas adivinatorias (veinticinco en total) en un círculo, empezando por la primera runa del primer aett, Fehu, y terminando con Dagaz, la última runa del tercer aett, y después el espacio en blanco, de modo que el espacio en blanco esté a la izquierda de Fehu, si estás en el exterior del círculo. Las runas pueden extenderse lo suficiente como para formar un círculo lo bastante grande para albergar los artefactos mágicos.

Si lo prefieres, sigue la tradición nórdica de trabajar mágicamente dentro de un cuadrado, trazando un recuadro de seis runas en cada lado y dejando fuera el espacio en blanco. Las primeras cuatro posiciones elementales estarán entonces a mitad de camino a lo largo de cada lado, con la primera, Tierra, en el lado del cuadrado más alejado de ti, moviéndose después en el sentido de las agujas del reloj a través de Aire, Fuego y Agua, situados en los otros tres lados del cuadrado. Describiré el uso de la formación circular, pero el método es idéntico si eliges usar un cuadrado.

Coloca un pequeño plato de sal, destinada a la protección, por parte del antiguo elemento mágico Tierra, en la posición de las doce en punto del círculo rúnico, justo dentro del círculo.

Coloca una varilla de incienso, con fragancia de árbol o hierba y encendida, en un soporte, para el cabal conocimiento del elemento Aire en la posición de las tres en punto, justo dentro del círculo.

Coloca una vela roja encendida del elemento Fuego, para obtener la inspiración de tus antepasados y tus espíritus guardianes, en un soporte justo dentro del círculo, en la posición de las seis en punto.

Coloca un pequeño cuenco de agua para el elemento Agua, en la posición de las nueve en punto, para que sea amable y la magia pueda fluir.

Por último, en la tradición nórdica, para el quinto elemento, el Hielo, coloca un plato con cubitos de hielo fuera del círculo, justo encima de la posición de las doce en punto, para representar el valor, la fuerza y el derretimiento de todos los obstáculos.

Coloca tu símbolo rúnico a potenciar en el centro del círculo.

Espolvorea un círculo de sal en sentido contrario a las agujas del reloj, alrededor del exterior del círculo rúnico, al tiempo dices: *Reclamo la protección para este círculo, pidiendo que Nerthus, la Madre Tierra, y Edda, diosa de la sabiduría y la adivinación, bendigan este amuleto/talismán/amuleto rúnico y concedan [nombra el propósito y si es para ti o para otra persona].*

Luego, sosteniendo la varilla de incienso encendida en la mano con la que escribes, haz espirales de humo en el aire, en el sentido de las agujas del reloj, alrededor de todo el círculo y a unos pocos centímetros (5-8 cm) por encima y más allá del mismos, comenzando en el cuadrante de la Tierra y terminando sobre el símbolo en el centro, y di: *Llamo al sabio conocimiento a este círculo, pidiendo que Odín el Padre del Cielo bendiga este amuleto/talismán/ amuleto rúnico y conceda [nombra el propósito y si es para ti o para otra persona].*

A continuación, pasa la vela, también en el sentido de las agujas del reloj, alrededor del exterior del círculo y, con cuidado, sobre el símbolo rúnico en el centro, diciendo: *Reclamo la inspiración de los ancestros y espíritus guardianes a este círculo, pidiendo que Tiwaz, el Espíritu Guerrero y Estrella Guía, bendiga este amuleto/talismán/ amuleto rúnico y conceda [nombra el propósito y si es para ti o para alguien cercano a ti].*

Rocía gotas de agua en sentido contrario a las agujas del reloj alrededor del exterior del círculo, justo más allá del círculo de sal, diciendo: *Llamo a la bondad y a la magia de los Antiguos a este círculo pidiendo que Frigga, la gentil madre amorosa con su rueda giratoria de estrellas, bendiga este amuleto/talismán/ amuleto rúnico y conceda [nombra el propósito y si es para ti o para otra persona].*

Por último, pasa el plato de hielo sobre la llama de la vela, y luego sobre el símbolo rúnico, en el sentido de las agujas del reloj y después en sentido contrario para ambos, y di: *Así el hielo y el fuego se unen en este proceso creativo, mientras invoco el poder de las runas. Thor, que derrotaste a los Gigantes de Hielo, bendice este amuleto/talismán/conjuro rúnico y concede [nombra el propósito y si es para ti o para otra persona].*

Vuelve a colocar el hielo en su sitio, y deja que la vela y el incienso se consuman de forma natural.

Después, vierte la sal restante en el cuenco de agua, añade el hielo derretido y déjalo fluir por el suelo, más allá del círculo o, si estás en casa, viértelo bajo el grifo.

Tu símbolo rúnico está ahora potenciado. Si lo deseas, puedes repetir esta operación mensualmente para obtener un amuleto o amuleto permanente.

Lleva contigo el objeto rúnico potenciado en una bolsa roja con cordón.

RUNAS Y CORRESPONDENCIAS ALFABÉTICAS PARA DESEOS MÁGICOS

Para escribir deseos mágicos, utiliza los símbolos rúnicos que corresponden a las letras del alfabeto y luego puedes quemar tus deseos en la llama de una vela roja, para liberar el poder de la runa.

Cuando escribas tu deseo en rúnico, reduce cualquier letra doble a una sola letra, de modo que, por ejemplo, happy se convierta en hapy y, a menos que haya un diptongo específico como Th que tenga una correspondencia rúnica directa, utiliza sonidos fonéticos, de modo que Ph se convierta en F o simplifica para que Sh se escriba como S y no como S+H.

En la escritura rúnica no hay mayúsculas como tales, ni espacios entre palabras o signos de puntuación, así que separa las palabras o júntalas si lo deseas. Mantén el formato de izquierda a derecha. Debajo, el significado de la runa indica el tipo de magia para el que cada runa es más útil.

LAS RUNAS Y LOS HECHIZOS

Puedes crear fácilmente tus propios hechizos rúnicos usando el formato básico, que explico más abajo y que incorpora lo que ya hemos aprendido en este capítulo.

Busca en la lista del alfabeto la mejor runa para tu propósito mágico y grábala de forma visible o invisible, en el lateral de una vela roja apagada.

Acto seguido, utilizando el alfabeto rúnico si es posible, escribe tu deseo con bolígrafo rojo en una larga tira de papel blanco y enciende la vela.

Enciende una varilla de incienso con fragancia de árbol o hierba, y escribe el símbolo rúnico en el aire sobre la vela y el papel o, cuando te sientas seguro, todo el mensaje en escritura rúnica en el humo del incienso, utilizando la varilla de incienso como bolígrafo.

Quema el papel en la llama de la vela y deja caer el papel ardiendo en una maceta con tierra.

Deja que la vela y el incienso se consuman.

Después, coge el papel quemado que está aún en el suelo y, si se trata de un asunto práctico o de lenta progresión, entierra el papel que está aún en el suelo en la tierra bajo de un árbol o arbusto próspero.

Si necesitas la ayuda de otros para cumplir el deseo o quieres un resultado rápido, vierte la tierra y el papel quemado en el suelo (utiliza papel biodegradable) en un lugar abierto. Si el asunto tiene que ver con relaciones o viajes/cambios, déjalo caer en agua corriente.

RUNAS LIGADAS

Las runas ligadas consisten en combinar dos o más formas rúnicas para unir y amplificar los poderes de las runas separadas. A veces aparecen en inscripciones antiguas, talladas en joyas o artefactos.

Las runas ligadas son, en esencia, un arte creativo y lo mejor es que las diseñe un individuo para una necesidad específica. A menudo, otros símbolos rúnicos aparecerán dentro de las runas elegidas combinadas que se suman a las energías.

Las runas ligadas pueden dibujarse o pintarse sobre cristales, o grabarse en discos circulares de madera, piedra, metal, sobre arcilla, en cera, en velas, o de forma invisible con el dedo índice de la mano con la que se escribe sobre cualquier cosa.

Puedes hacer un agujero en tu amuleto de runas ligadas y llevarlo en un cordón. Los símbolos rúnicos pueden dibujarse al revés o en horizontal, o superponerse unos a otros, para crear tu propio foco de energía. He sugerido algunos que me han funcionado, pero siéntete libre de crear tus propias formas y combinaciones.

- **TRAZA** las iniciales de alguien a quien desees atar para que no haga daño (usando el alfabeto rúnico si es posible) y envuelve la combinación rúnica de forma segura durante el tiempo que sea necesario. Haz la runa ligada con bondad en tu corazón.

- **DIBUJA** una serie de runas ligadas protectoras alrededor de tu casa, en la tierra o en piedras o pequeñas ramas sobre la hierba, y luego alísalas o elimínalas para que sean invisibles, para repeler la negatividad y atraer la buena fortuna y la salud.

- **ENTIERRA** una runa ligada de fertilidad, en caso de esterilidad, para devolver la vida a un lugar descuidado o abandonado o fuera de tu casa.

- **COLOCA** una runa ligada de fertilidad y potencia bajo tu colchón, si tú y tu pareja estáis intentando concebir un hijo.

- **HAZ** una gran runa ligada protectora con cañas de bambú de jardín, atadas con hilo rojo, con tres nudos en cada intersección. Puedes plantar una planta trepadora, como jazmín o madreselva, en las cañas para ayudar a que crezcan las energías.

- **TRAZA** una runa ligada en el aire, antes de irte a dormir o irte de vacaciones, para proteger así tanto tu hogar como tus propiedades.

- **DIBUJA** una runa ligada protectora mediante humo de incienso sobre tu equipaje, para guardarlo de que pueda perderse o puedan robarlo.

- **DIBUJA** runas en la pantalla de tu ordenador digitalmente, o utiliza imágenes de las runas como salvapantallas.

- **ENTIERRA** la runa ligada y planta hierbas aromáticas encima. Algunas personas creen que, a medida que florezcan las hierbas, también lo harán sus planes. También puedes arrojarla al agua o atarla a un árbol en lo alto de una colina.

EJEMPLOS DE COMBINACIONES

THURISAZ (EL MARTILLO DE THOR) + URUZ (EL GANADO SALVAJE): Para protección contra ataques físicos o psíquicos; es buena para viajar en solitario.

$$\text{Þ} + \text{ᚾ} = \text{ᚦ}$$

FEHU (RIQUEZA MÓVIL) + GEBO (EL DON) + WUNJO (ALEGRÍA PERSONAL):
Para la protección contra todas las formas de pérdidas financieras y deudas, y para atraer prosperidad y seguridad material.

$$ᚠ + ᚷ + ᚹ = $$

EHWAZ (EL CABALLO) + ANSUZ (LA BOCA DEL DIOS) + URUZ (EL GANADO SALVAJE): Para proteger contra la enfermedad y mantener o restablecer la salud y la armonía.

$$ᛖ + ᚨ + ᚢ = $$

GEBO (EL DON) + INGWAZ (LA POTENCIA Y EL DIOS PADRE): Para la fertilidad, ya sea para un hijo o para una empresa creativa. Si lo que buscas es la concepción de un hijo, puedes añadir Berkano, la runa de la Diosa Madre.

$$ᚷ + ᛜ + ᛒ = $$

CREAR TUS PROPIAS RUNAS LIGADAS

Esto que sigue son solo sugerencias. Experimenta combinando las siguientes runas de diferentes maneras (practica primero en papel hasta que estés satisfecho con tu diseño).

PARA EL ÉXITO MATERIAL: Fehu, la runa de la prosperidad; Sowilo, el sol y el éxito; Gebo, tus dones; Wunjo, la felicidad personal; Jera, lo que siembres recogerás.

PARA MEJORAR LA SALUD: Ehwaz, runa de la paz mental; Mannaz, resistencia y fuerza; Uruz, poder primordial para superar obstáculos; Dagaz, luz al final del túnel.

PARA LA FELICIDAD O LA SEGURIDAD EN EL HOGAR: Othala, runa del hogar; Berkano, relaciones; Jera, runa de los ciclos naturales; Ehwaz, armonía; Mannaz, runa de las fortalezas y debilidades.

PARA EL AMOR: Berkano, runa de las relaciones; Laguz, emociones; Gebo, entrega y matrimonio; Naudhiz, satisfacción de las necesidades mutuas; Ansuz, comunicación clara y amorosa.

PARA REFORZAR TU IDENTIDAD: Perthro, el verdadero tú; Kenaz, tu voz interior; Elhaz, querer algo más que lo inmediato; Wunjo, para la felicidad personal.

PARA EL CAMBIO A LARGO PLAZO: Raidho, runa del viaje duro pero emocionante; Eihwaz, el tejo para preservar lo que vale la pena dentro del cambio; Hagalaz, enfrentarse a la perturbación para poner las cosas en movimiento.

PARA LA RECONCILIACIÓN: Ehwaz, armonía; Isa, derretir el hielo; Berkano, relaciones; Elhaz, cosechar la ortiga para mejorar la situación.

CONCLUSIÓN

Las runas son una de las formas de adivinación más sencillas y, a la vez, más poderosas; y cuanto más las utilices, más responderán a las preguntas de tu mundo cotidiano. La magia del mundo antiguo se relaciona con nuestras necesidades cotidianas modernas. *El pequeño libro de las runas* te servirá de guía y te abrirá la puerta a un mundo en el que, mientras te sientas bajo los árboles o cerca del agua con tus runas, las voces de la naturaleza y de las viejas costumbres resonarán en tu corazón y en tu alma.

Disfruta del viaje.

ÍNDICE TEMÁTICO